RACIONALIDADE LEGISLATIVA E PRODUÇÃO NORMATIVA DAS POLÍTICAS PÚBLICAS

LUCAS CAVALCANTI VELASCO

Robert Bonifácio
Prefácio

RACIONALIDADE LEGISLATIVA E PRODUÇÃO NORMATIVA DAS POLÍTICAS PÚBLICAS

Belo Horizonte

2024

© 2024 Editora Fórum Ltda.

É proibida a reprodução total ou parcial desta obra, por qualquer meio eletrônico, inclusive por processos xerográficos, sem autorização expressa do Editor.

Conselho Editorial

Adilson Abreu Dallari
Alécia Paolucci Nogueira Bicalho
Alexandre Coutinho Pagliarini
André Ramos Tavares
Carlos Ayres Britto
Carlos Mário da Silva Velloso
Cármen Lúcia Antunes Rocha
Cesar Augusto Guimarães Pereira
Clovis Beznos
Cristiana Fortini
Dinorá Adelaide Musetti Grotti
Diogo de Figueiredo Moreira Neto (*in memoriam*)
Egon Bockmann Moreira
Emerson Gabardo
Fabrício Motta
Fernando Rossi
Flávio Henrique Unes Pereira

Floriano de Azevedo Marques Neto
Gustavo Justino de Oliveira
Inês Virgínia Prado Soares
Jorge Ulisses Jacoby Fernandes
Juarez Freitas
Luciano Ferraz
Lúcio Delfino
Marcia Carla Pereira Ribeiro
Márcio Cammarosano
Marcos Ehrhardt Jr.
Maria Sylvia Zanella Di Pietro
Ney José de Freitas
Oswaldo Othon de Pontes Saraiva Filho
Paulo Modesto
Romeu Felipe Bacellar Filho
Sérgio Guerra
Walber de Moura Agra

Luís Cláudio Rodrigues Ferreira
Presidente e Editor

Coordenação editorial: Leonardo Eustáquio Siqueira Araújo
Aline Sobreira de Oliveira

Rua Paulo Ribeiro Bastos, 211 – Jardim Atlântico – CEP 31710-430
Belo Horizonte – Minas Gerais – Tel.: (31) 99412.0131
www.editoraforum.com.br – editoraforum@editoraforum.com.br

Técnica. Empenho. Zelo. Esses foram alguns dos cuidados aplicados na edição desta obra. No entanto, podem ocorrer erros de impressão, digitação ou mesmo restar alguma dúvida conceitual. Caso se constate algo assim, solicitamos a gentileza de nos comunicar através do *e-mail* editorial@editoraforum.com.br para que possamos esclarecer, no que couber. A sua contribuição é muito importante para mantermos a excelência editorial. A Editora Fórum agradece a sua contribuição.

Dados Internacionais de Catalogação na Publicação (CIP) de acordo com ISBD

V433r	Velasco, Lucas Cavalcanti
	Racionalidade legislativa e produção normativa das políticas públicas / Lucas Cavalcanti Velasco. Belo Horizonte: Fórum: Del Rey, 2024.
	190p. 14,5x21,5 cm ISBN 978-65-5518-626-0
	1. Poder Legislativo. 2. Racionalidade legislativa. 3. Avaliação legislativa. 4. Políticas públicas. 5. Legística. 6. Legisprudência. I. Título.
	CDD: 341.252 CDU: 342.52(81)

Ficha catalográfica elaborada por Lissandra Ruas Lima – CRB/6 – 2851

Informação bibliográfica deste livro, conforme a NBR 6023:2018 da Associação Brasileira de Normas Técnicas (ABNT):

VELASCO, Lucas Cavalcanti. *Racionalidade legislativa e produção normativa das políticas públicas.* Belo Horizonte: Fórum: Del Rey, 2024. 190p. ISBN 978-65-5518-626-0.

AGRADECIMENTOS

Se o processo de escrita é árduo e trabalhoso, ele se torna mais leve e proveitoso quando compartilhado. Talvez esse tenha sido o maior aprendizado que pude adquirir ao longo desta experiência, já que a redação deste trabalho nada mais é do que resultado de um processo no qual muitas pessoas contribuíram, direta ou indiretamente.

Por isso, não posso deixar de expressar a minha gratidão, em primeiro lugar, ao professor e amigo Robert Bonifácio, que atenciosamente me acompanhou ao longo de toda a caminhada científica e ainda me premiou com o prefácio desta obra. O seu profissionalismo e a sua competência muito me inspiraram e definitivamente me ajudaram a moldar as minhas preferências acadêmicas e profissionais.

Também não poderia deixar de agradecer à Prof. Dra. Fabiana Soares e ao Prof. Leonardo Buíssa. Sem as suas contribuições este trabalho não alçaria tantos voos. Torço para que tenhamos outras oportunidades acadêmicas no futuro.

Ao amigo e parceiro de empreitada científica Victor Hugo Lopes, o meu agradecimento por esses dois anos de árdua labuta. Com a sua ajuda, este projeto saiu do papel e espero que a sinergia de nossa parceria continue sendo combustível para os trabalhos que ainda virão.

À professora e amiga Cristiane Kaitel, o meu muito obrigado. Saiba que sou extremamente grato por todas as diretrizes passadas, que tanto auxiliaram a composição do referencial teórico deste estudo.

Aos meus pais e irmãos, se cheguei ao final dessa missão, foi graças ao apoio e à paciência de vocês. Tenho gratidão por toda a nossa trajetória juntos, pois ela me proporcionou a estrutura emocional necessária para enfrentar os complexos desafios que a vida tem me oferecido.

Finalmente, devo um agradecimento especial à minha família. Maria, minha filha amada, desculpe o papai pelos momentos de ausência, mas saiba que você foi a base da minha força para atravessar as incansáveis madrugadas deste período. Davi, meu filho querido, você nasceu com este projeto e colocou cores nas últimas páginas. Obrigado por trazer leveza para este final.

Por último, o reconhecimento sincero e honesto à minha esposa Jordana. Você é a parceira que incondicionalmente me apoia e me incentiva, sendo que por vezes adiou seus planos pessoais e abraçou como nossos projetos que antes eram meus. Tudo isso com muito carinho, amor e afeto. Sem dúvida alguma, esta obra também é sua.

LISTA DE ABREVIATURAS E SIGLAS

AIL	Avaliação de Impacto Legislativo
AIN	Avaliação de Impacto Normativo
AIR	Avaliação de Impacto Regulatório
CCJ	Comissão de Constituição, Justiça e Redação
CF/1988	Constituição da República Federativa do Brasil de 1988
LDO	Lei de Diretrizes Orçamentárias
LOA	Lei Orçamentária Anual
LAI	Lei de Acesso à Informação
PELO	Proposta de Emenda à Lei Orgânica
PLC	Projeto de Lei Complementar
PLO	Projeto de Lei Ordinária
PR	Projeto de Resolução
DL	Projeto de Decreto Legislativo
PPA	Plano Plurianual
OECD	Organisation for Economic Co-operation and Development
RI	Regimento Interno
RISF	Regimento Interno do Senado Federal

LISTA DE GRÁFICOS

GRÁFICO 1	Comparação numérica de proposituras legislativas por espécie/ano
GRÁFICO 2	Número de proposituras legislativas de iniciativa dos Poderes Executivo e Legislativo, por ano
GRÁFICO 3	Volume de Projetos de Leis Ordinárias aprovados anualmente por iniciativa
GRÁFICO 4	Proporção de Projetos de Leis Complementares aprovados anualmente por iniciativa
GRÁFICO 5	Proporção de Propostas de Emenda à Lei Orgânica aprovadas anualmente por iniciativa
GRÁFICO 6	Histograma de tempo de tramitação em dias por iniciativa
GRÁFICO 7	Distribuição de áreas temáticas por proposta legislativa
GRÁFICO 8	Número de propostas abertas e encerradas
GRÁFICO 9	Processos legislativos arquivados em relação aos propostos por ano
GRÁFICO 10	Percentual de processos legislativos arquivados em relação aos propostos
GRÁFICO 11	Quantitativo de processos legislativos sancionados e arquivados por ano
GRÁFICO 12	Número de proposituras aprovadas por espécie normativa
GRÁFICO 13	Apreciação anual das propostas legislativas
GRÁFICO 14	Número de vetos mantidos e rejeitados por ano
GRÁFICO 15	Número de propostas rejeitadas/arquivadas e aprovadas pela CCJ por ano
GRÁFICO 16	Número de processos que receberam emendas por ano
GRÁFICO 17	Número de propostas legislativas relacionadas a políticas públicas
GRÁFICO 18	Número de propostas legislativas protocoladas e relacionadas a políticas públicas, com iniciativa

GRÁFICO 19	Número de propostas legislativas aprovadas e relacionadas a políticas públicas, com iniciativa
GRÁFICO 20	Número de proposituras relacionadas a políticas públicas por área temática
GRÁFICO 21	Distribuição numérica de critérios de avaliação legislativa por ano
GRÁFICO 22	Percentual de não arquivamento pela CCJ das propostas em geral e relativas a políticas públicas por número de critérios de avaliação legislativa
GRÁFICO 23	Percentual de conversão em ato normativo das propostas em geral e relativas a políticas públicas por número de critérios de avaliação legislativa
GRÁFICO 24	Número de audiências públicas realizadas por processo legislativo

LISTA DE TABELAS

TABELA 1	Proporção de propostas normativas por espécie/ano
TABELA 2	Número de proposituras legislativas de iniciativa dos Poderes Executivo e Legislativo, por ano
TABELA 3	Taxa de aprovação das proposituras
TABELA 4	Proporção de Projetos de Leis Ordinárias aprovados anualmente por iniciativa
TABELA 5	Proporção de Projetos de Leis Complementares aprovados anualmente por iniciativa
TABELA 6	Proporção de Propostas de Emenda à Lei Orgânica aprovadas anualmente por iniciativa
TABELA 7	Tempo de tramitação médio (em dias) por ano
TABELA 8	Tempo de tramitação de propostas por poder
TABELA 9	Proporção de áreas temáticas por proposta legislativa
TABELA 10	Proporção de propostas abertas e encerradas
TABELA 11	Percentual anual de processos sancionados em relação aos arquivados
TABELA 12	Percentual de proposituras aprovadas por espécie normativa
TABELA 13	Índice de conversão em lei dos projetos legislativo por ano
TABELA 14	Apreciação anual das propostas legislativas – quantitativo e percentual
TABELA 15	Percentual de vetos mantidos e rejeitados por ano
TABELA 16	Percentual de propostas rejeitadas/arquivadas e aprovadas pela CCJ por ano
TABELA 17	Percentual de processos que receberam emendas por ano
TABELA 18	Quantitativo e percentual de propostas legislativas relacionadas a políticas públicas, sem iniciativa
TABELA 19	Quantitativo e percentual de propostas legislativas relacionadas a políticas públicas, com iniciativa

TABELA 20	Quantitativo e percentual de aprovação de propostas legislativas relacionadas a políticas públicas por iniciativa
TABELA 21	Percentual de proposituras relacionadas a políticas públicas por área temática
TABELA 22	Distribuição de critérios de avaliação legislativa em percentual por ano
TABELA 23	Média de critérios de avaliação legislativa em propostas legislativas gerais e relativas a políticas públicas
TABELA 24	Frequência total de critérios de avaliação legislativa em processos legislativos (2009-2018)
TABELA 25	Distribuição do número de critérios de avaliação legislativa nas propostas em geral, por iniciativa
TABELA 26	Distribuição do número de critérios de avaliação legislativa nas propostas de políticas públicas, por iniciativa
TABELA 27	Arquivamento e não arquivamento de projetos legislativos pela CCJ por número de critérios de avaliação legislativa
TABELA 28	Arquivamento e não arquivamento de projetos legislativos pela CCJ relacionados a políticas públicas por número de critérios de avaliação legislativa
TABELA 29	Propostas convertidas e não convertidas em ato normativo por número de critérios de avaliação legislativa
TABELA 30	Propostas convertidas e não convertidas em ato normativo de políticas públicas por número de critérios de avaliação legislativa
TABELA 31	Número de audiências públicas
TABELA 32	Percentual de audiências públicas realizadas por processo legislativo
TABELA 33	Número de audiências públicas realizadas por processo legislativo em matérias gerais e de políticas públicas
TABELA 34	Número de audiências públicas realizadas em processos por número de propostas com emendas
TABELA 35	Atuação de Comissão de Legislação Participativa (CLP) por ano

SUMÁRIO

PREFÁCIO
Robert Bonifácio..17

INTRODUÇÃO 21

CAPÍTULO 1
FUNDAMENTOS TEÓRICOS DA RACIONALIDADE
LEGISLATIVA: A COMPREENSÃO DA "INSTRUMENTALIDADE
DA ATIVIDADE NORMATIVA" E DA "LEGITIMIDADE
DEMOCRÁTICA" COMO EIXOS DE ANÁLISE DO PROCESSO
DE PRODUÇÃO DE NORMAS...25

1.1 A Legística (Ciência da Legislação) enquanto práxis jurídica 26
1.2 A Legisprudência como referencial teórico-epistemológico................30
1.2.1 O legalismo em crise: do legalismo forte ao legalismo fraco..............30
1.2.2 O dever de justificação no processo legislativo.................................39
1.3 Legística Material e avaliação legislativa: uma proposta
metodológica...45
1.4 Os eixos de análise 49
1.4.1 O eixo da instrumentalidade da atividade normativa........................49
1.4.2 O eixo da legitimidade democrática 53

CAPÍTULO 2
RACIONALIDADE LEGISLATIVA E A DIMENSÃO NORMATIVA
DAS POLÍTICAS PÚBLICAS...59

2.1 A racionalidade legislativa no contexto dos direitos fundamentais....60
2.2 Instrumentalidade da atividade legislativa e a normatividade
das políticas públicas 62
2.2.1 A normatividade como instrumento da ação governamental.............62
2.2.2 Atividade normativa e o ciclo de políticas públicas............................64
2.2.3 Processo legislativo e o desenho normativo das políticas públicas....69
2.2.4 Instrumentalidade e dimensão normativa: uma dupla dimensão
das políticas públicas 73

2.3 Legitimidade democrática e processo legislativo das políticas públicas 75
2.3.1 Os espaços de deliberação social 75
2.3.2 Dimensão informacional e participação..80

CAPÍTULO 3
AVALIAÇÃO LEGISLATIVA: ASPECTOS CONCEITUAIS E PRÁTICAS RECONHECIDAS 87

3.1 Avaliação legislativa como expressão da instrumentalidade processual normativa..88
3.2 Panorama dos modelos existentes: práticas avaliativas no cenário internacional e nacional..93
3.2.1 O modelo canadense...93
3.2.2 O modelo britânico..96
3.2.3 A experiência brasileira 98
3.3 Os critérios metodológicos de uma proposta de avaliação legislativa..102

CAPÍTULO 4
RACIONALIDADE LEGISLATIVA, POLÍTICAS PÚBLICAS E APLICABILIDADE METODOLÓGICA 107

4.1 Estratégia metodológica e coleta de dados...107
4.2 A construção do banco de dados 108
4.3 Do preenchimento do banco de dados..110
4.4 Da descrição das variáveis 110
4.4.1 Dos dados gerais..110
4.4.2 Dos dados sobre avaliação legislativa 111
4.4.3 Variáveis sobre tramitação processual na Câmara Municipal de Goiânia...113
4.5 Técnicas de análise de dados 116

CAPÍTULO 5
ATIVIDADE LEGISLATIVA E POLÍTICAS PÚBLICAS NA CÂMARA MUNICIPAL DE GOIÂNIA...119

5.1 Dinâmica geral da atividade legislativa da Câmara Municipal de Goiânia...120
5.1.1 Aspectos gerais sobre iniciativa legislativa e espécies normativas 120
5.1.2 Exposição das proposituras por espécie normativa 125

5.2 A tramitação legislativa na Câmara Municipal de
Goiânia (2009-2018) 129
5.2.1 Tramitação processual no tempo 129
5.2.2 Propostas legislativas e áreas temáticas 131
5.2.3 Arquivamento 133
5.2.4 Aprovação e rejeição das propostas legislativas pelo plenário 137
5.2.5 A deliberação dos processos na Comissão de Constituição e
Justiça (CCJ) e as emendas parlamentares 143
5.3 Racionalidade legislativa das normas de políticas públicas
no parlamento goianiense 146
5.3.1 Aspectos gerais sobre as propostas normativas de
políticas públicas 147
5.3.2 Instrumentalidade da atividade normativa das políticas
públicas municipais 152
5.3.2.1 Características gerais sobre a presença de critérios de avaliação
legislativa nas propostas normativas da Câmara Municipal
de Goiânia 152
5.3.2.2 A incidência de critérios de avaliação legislativa e o trâmite
legislativo 155
5.3.3 Legitimidade democrática no processo normativo municipal
de políticas públicas 163
5.3.3.1 Das audiências públicas 163
5.3.3.2 Da Comissão de Legislação Participativa (CLP) 167
5.3.3.3 Da dimensão informacional relacionada ao processo
legislativo local 168
Considerações finais 171

REFERÊNCIAS 175

APÊNDICE 1
DICIONÁRIO DE VARIÁVEIS DO REPOSITÓRIO DE DADOS 181

APÊNDICE 2
AGLUTINAÇÃO DE ÁREAS TEMÁTICAS POR AFINIDADE 189

PREFÁCIO

O Poder Legislativo é mal afamado no Brasil. A oração não é um exagero, tampouco sensacionalismo. É uma mera constatação sustentada por evidências. A pesquisa de opinião "A Cara da Democracia",[1] realizada em julho de 2022, aponta que 64% dos brasileiros confiam pouco ou não confiam no Congresso Nacional. À época, era a segunda instituição menos confiável do Brasil, perdendo somente para os partidos políticos, numa lista que continha, além de ambas as instituições, as Forças Armadas, o Supremo Tribunal Federal (STF), a Justiça Eleitoral e as Igrejas (a mais confiável). E mais: uma análise na trajetória histórica dos dados dessa pesquisa revela que os altos níveis de desconfiança no Congresso Nacional se mostram presentes também em 2018, 2019 e 2021.

É sob esse contexto que as pesquisas científicas que têm como objeto o Poder Legislativo se inserem. Essa situação desfavorável pode induzir à emersão de análises rasas, que buscam a polêmica para serem notadas ou para servirem de troca ou favor a determinados grupos políticos. Já outras análises podem se limitar quanto ao alcance e a tecnicidade por carecerem de insumo básico, isto é, de dados, devido ao receio ou despreparo das casas legislativas em provê-los. Uma terceira possibilidade é a produção de análises que, dada a valoração negativa do objeto e a dificuldade de acesso aos dados, se dedicam tão somente ao estudo teórico, o que é válido e legítimo, mas que tem pouca utilidade no cotidiano da ciência e da política.

Nenhuma das características citadas define esta obra que prefacio. Seu autor, o Mestre Lucas Cavalcanti Velasco, nunca deixou que qualquer traço de polemismo, de limitação informacional e de inutilidade social permeasse a sua pesquisa. Sei muito bem disso porque acompanhei de perto a construção da obra, na qualidade de orientador de mestrado. Velasco nunca titubeou para produzir com qualidade e, mesmo que

---

[1] A pesquisa de opinião "A cara da Democracia" é promovida pelo Instituto Nacional de Ciência e Tecnologia da Democracia e da Democratização da Comunicação (INCT-DDC), possui amostra com representatividade nacional, realizou 2.538 entrevistas em 201 cidades, apresenta confiabilidade de 95% e tem margem de erro de 1,9%. Fonte de informações: https://oglobo.globo.com/blogs/pulso/post/2022/07/partidos-igrejas-e-stf-veja-os-indices-de-confianca-dos-brasileiros-nas-instituicoes.ghtml. Acesso em: 13 dez. 2022.

por algum deslize ou fraqueza o fizesse, teria em mim um apoio para não se desviar do caminho.

Afinal, era esse o meu dever enquanto orientador, a fim de que tivéssemos mais um produto científico dotado do alto patamar de excelência que a Universidade Federal de Goiás (UFG) e o Programa de Pós-Graduação em Direito e Políticas Públicas (PPGDP) nos exigem.

Falando da obra em si, em que ela é útil e qual o seu grau de ineditismo? A obra trata de racionalidade legislativa, investigando a produção legislativa sobre políticas públicas e analisando a satisfação dos critérios de Avaliação de Impacto Legislativo (AIL), na Câmara Municipal de Goiânia. Se a discussão conceitual gira em torno de legística, avaliação legislativa, atos normativos e produção legislativa, o arcabouço empírico se referencia nos critérios de AIL. Dessa forma, detecta-se facilmente que Velasco soube aliar a sua situação profissional – é procurador da Câmara Municipal de Goiânia – a um problema de pesquisa tipicamente científico.

Se, de fato, a responsabilidade do legislador é promover a adequação social da ação legislativa, de modo que a produção legislativa se aproxime, na maior medida possível, dos problemas sociais, uma das maneiras de se medir isso – excluindo-se o imponderável da natureza política da questão – é via análise de critérios de AIL.

Como ensina qualquer manual de metodologia científica, é preciso recortar o problema de pesquisa. Não dá para analisar racionalidade legislativa a partir de toda produção. Velasco fez o dever de casa e selecionou para análise mais minuciosa tão somente as proposições legislativas que versam sobre políticas públicas. Isso, aliado ao recorte de objeto, uma casa legislativa municipal, é componente que confere à obra o carimbo da originalidade. Você leitor(a) encontrará poucas obras que se dispõem a investigar problemas de pesquisa similares.

A originalidade se dá tanto em lançar luzes sobre políticas públicas no parlamento quanto em analisar dados de uma casa legislativa municipal. As investigações sobre políticas públicas geralmente se atêm à sua fonte política de demanda, o seu desenho, todo o expediente de implementação e o monitoramento e avaliação de resultados. O que se discute e se decide sobre políticas públicas nos parlamentos é pouco investigado. Velasco nos clareia a respeito de quantas proposições de leis são produzidas, em que medida elas satisfazem critérios de AIL e questões correlatas. Ademais, inverte o foco, saindo de Brasília, do Congresso Nacional, e cerrando fileiras em Goiânia. Certamente o que se decide na capital de Goiás muda menos os rumos do país do que é decidido na Praça dos Três Poderes. No entanto, privilegiar como objeto uma Câmara Municipal é desnudar uma instituição que decide os rumos da vida cotidiana de milhões de habitantes e forçar o amadurecimento institucional de um poder carente de transparência, informação e conhecimento.

Como palavras finais, destaco o suor despejado sobre esta obra. Foi construído um banco de dados autoral que contém 5.462 proposições legislativas, cobrindo o período de 2009 a 2018. Aos poucos afeitos ao labor científico lhes garanto: é algo muito trabalhoso. Além disso, o autor teve que dar conta de fazer análises estatísticas descritivas de todo esse material, expediente que passava longe de sua rotina de procurador.

A obra é, além de qualificada, produto de muito suor. Precisamos louvar isso porque muitos(as) tombam no rude caminho do fazer científico. Velasco finalizou a jornada de pé e nos brinda com essa necessária obra. Parabéns!

Robert Bonifácio

Professor Adjunto e membro permanente dos Programas de Pós-Graduação em Ciência Política e em Direito e Políticas Públicas da Universidade Federal de Goiás (UFG). É doutor em Ciência Política pela Universidade Federal de Minas Gerais (UFMG) e realiza estágio pós-doutoral em Economia na Fundação Getúlio Vargas de São Paulo (FGV-SP). Contato: robertbonifacio@ufg.br.

INTRODUÇÃO

A racionalidade da produção legislativa no contexto das políticas públicas pode ser investigada a partir da análise do desempenho parlamentar no âmbito das casas legislativas, de modo que os conceitos e categorias desenvolvidos se mostram potencialmente capazes de fundamentar a construção de um modelo normativo que ressignifica, mediante o empreendimento de práticas avaliativas, o processo legislativo dos programas políticos.

Partindo dessa realidade, este trabalho se apoia na justificativa de que o alto número de normas no ordenamento jurídico, desconexas e deficientes quanto ao seu conteúdo, as torna inaptas quanto à produção dos efeitos desejados, importando a atividade legislativa em um custo exacerbado e demasiadamente elevado para a sociedade, a comprometer a qualidade das ações políticas e a eficácia dos direitos fundamentais.

São desenvolvidas, em termos de análise normativa, reflexões sobre o comportamento de atores e de instituições legislativas acerca dos processos de produção normativa das políticas públicas, investigando-se as possibilidades de convergência entre o modelo de atividade legislativa atual e as premissas do constitucionalismo contemporâneo. Tem-se, como produto desse diálogo, o reconhecimento de uma base de atuação parlamentar que dever ser amparada por evidências científicas, assim como por argumentos racionais capazes de estabelecer uma conexão do agente normativo com a sociedade.

Na perspectiva de análise teórica, parte-se dos conceitos desenvolvidos pela Legística (Ciência da Legislação), mais precisamente pela Legisprudência e pela Legística Material, ramos do conhecimento orientados ao estudo da qualidade das leis a partir de posições filosófico-metodológicas que buscam imprimir, de forma reflexiva, inteligibilidade, racionalidade e adequabilidade prático-linguística ao processo de elaboração das normas jurídicas.

Assim, como proposta que deriva dessas abordagens, o estudo propõe um conceito de racionalidade legislativa cujas características guardam compatibilidade com a dinâmica normativa das políticas públicas, ambiente esse em que a produção de normas, além de possuir caráter instrumental em sua dimensão interna, constitui-se externamente por meio de processo deliberativo fundado na transparência, no controle social e na ideia de soberania popular.

A análise funcional desse conceito se dá mediante o auxílio de técnicas específicas em que são informados resultados sobre os modelos avaliativos existentes, para além de se construir uma análise inédita sobre a atividade normativa das políticas que se encontram em processo de elaboração. Como estudo empírico a demonstrar essa dinâmica, propõe-se a reflexão do processo legislativo da Câmara Municipal de Goiânia, a ser desenvolvida a partir de informações colhidas em documentos produzidos pelo próprio parlamento municipal, abarcando o período de 2009 a 2018.

Finalmente, objetiva-se a proposição de um modelo de aperfeiçoamento de processo legislativo embasado pela síntese das reflexões teóricas e normativas, bem como pelos resultados da análise empírica sobre a qualidade legislativa dos instrumentos que regulamentam as políticas públicas. Trata-se, pois, de metodologia avaliativa que, além de orientada pelas premissas conceituais propostas, se mostra apta a contribuir, de forma geral, para o incremento da justificativa legislativa e para a qualificação da produção normativa de tais políticas.

A fim de cumprir as diretrizes destacadas, a obra contém cinco capítulos. No primeiro, apresenta-se o conceito de racionalidade legislativa com base nas vertentes teóricas mencionadas, propondo-se, para tanto, a criação de dois eixos analíticos: o eixo da "instrumentalidade da atividade normativa" e o eixo da "legitimidade democrática".

O segundo trata da relação desses dois eixos com o tema da dimensão normativa das políticas públicas, partindo-se da premissa de que um programa de governo devidamente estruturado por propostas normativas instrumentalizadas e legitimamente deliberadas caminha de forma mais segura no sentido de concretizar os direitos fundamentais constitucionalmente assegurados.

O terceiro aprofunda o tema da avaliação legislativa como proposta metodológica de trabalho passível de ser aplicada na rotina das atividades normativas das políticas públicas, servindo, assim, como instrumento originário de uma dimensão mais pragmática e instrumental no campo da normatividade.

O quarto, por sua vez, descreve os principais aspectos do banco de dados construído com o fim específico de desenvolver a análise empírica deste estudo, cujas informações se referem, de forma precisa, ao processo legislativo municipal goianiense, com ênfase na dinâmica normativa dos programas políticos. Busca-se, com esta seção, estimular os parlamentos brasileiros a adotarem metodologias de coleta de dados que permitem análises aprofundadas de suas realidades legislativas, sobretudo no campo das políticas públicas.

A partir, então, da exposição dos dados e dos resultados legislativos extraídos da Câmara Municipal de Goiânia, o quinto e último capítulo realiza um diagnóstico da realidade legislativa das políticas públicas municipais, tornando possível o estudo das possibilidades e condições institucionais para a aplicabilidade das técnicas mais reconhecidas no campo da racionalidade normativa. Como principais resultados dessa análise destacam-se a influência positiva dos aspectos da avaliação legislativa sobre o processamento das propostas que regulamentam as políticas públicas, bem como a necessidade de um melhor aproveitamento dos espaços abertos para deliberação social.

CAPÍTULO 1

FUNDAMENTOS TEÓRICOS DA RACIONALIDADE LEGISLATIVA: A COMPREENSÃO DA "INSTRUMENTALIDADE DA ATIVIDADE NORMATIVA" E DA "LEGITIMIDADE DEMOCRÁTICA" COMO EIXOS DE ANÁLISE DO PROCESSO DE PRODUÇÃO DE NORMAS

Como marco teórico deste estudo, desenvolve-se aqui uma discussão sobre a contribuição dos conceitos de Legisprudência e de Legística Material para o conceito de racionalidade legislativa, seja como fundamento, seja como proposta de aperfeiçoamento do processo normativo.

No primeiro tópico, destaca-se a Legística, também denominada de Ciência da Legislação, como ramo do conhecimento que se preocupa com o aspecto qualitativo da produção normativa, ressaltando a importância dos seus instrumentos para um redimensionamento da atividade legislativa enquanto práxis de relevância para o campo jurídico.

De modo a aprofundar o seu estudo, o segundo tópico caracteriza a Legisprudência como abordagem influente dentro desse contexto. As suas contribuições jurídico-filosóficas redefinem, por meio de uma base epistemológica própria, o conceito de justificativa legislativa como aspecto central da dinâmica normativa, exigindo-se do legislador uma conduta aberta e transparente para com a sociedade quanto ao dimensionamento das consequências da proposta deliberada.

O terceiro tópico, em continuidade a esse raciocínio, busca complementar o aporte teórico legisprudencial. Assim, apresenta a Legística Material como proposta teórico-metodológica responsável por desenvolver ferramentas práticas para as diferentes etapas analíticas da atividade normativa, verificando-se que a previsão de um roteiro a nortear as ações do agente legislativo se revela bastante útil para o processo de racionalização das normas.

Por fim, como produto dessa reflexão, o último tópico coloca as referidas abordagens em recursivo diálogo a partir de dois eixos analíticos: o eixo da "instrumentalidade da atividade normativa" e o eixo da "legitimidade democrática". Tais diretrizes, ao representarem, respectivamente, as dimensões interna e externa do conceito de racionalidade legislativa, norteiam todo o escorço teórico-empírico da pesquisa, permitindo a reunião de categorias importantes do fenômeno legislativo a contribuírem com o processo de equalização da função instrumental do Direito com o seu caráter democrático.

1.1 A Legística (Ciência da Legislação) enquanto práxis jurídica

Ao considerar a criação das normas um processo de caráter exclusivamente político, a concepção mais tradicional do Direito reserva aos juristas os papéis de intérpretes e de aplicadores da lei. Apesar disso, o processo legislativo, enquanto práxis jurídica, há muito tempo tem sido tema de estudos acadêmicos, começando a gerar, recentemente, maior repercussão no âmbito das instituições jurídicas e políticas brasileiras.

A influência das abordagens científicas sobre o fenômeno legislativo passa a ser objeto de destaque no cenário jurídico com a crise do modelo positivista. A preocupação excessiva quanto ao aspecto da validade das normas, somada ao crescente processo de inflação legislativa, em que os governos se viram incapazes de atingir seus objetivos sociais, fez com que a lei perdesse seu caráter sistemático supostamente capaz de reger uma realidade social instável e altamente dinâmica.[1]

Esse quadro de insegurança jurídica permitiu o estreitamento da relação dos profissionais do Direito com a Ciência da Legislação, passando-se a considerar o processo de racionalização da atividade legislativa uma alternativa de superação das bases jurídico-positivistas.

---

[1] PRETE, Esther Külkamp Eyng. Por que surgiu a Legística? Antecedentes históricos de seu surgimento. *Estudos em Legística*. Tribo da ilha, 2019, p. 15-58.

O processo de produção de normas deixa, nesse contexto, de se legitimar estritamente pela observância a procedimentos prévios e democraticamente estabelecidos, passando a ser igualmente reconhecido pelas consequências do exercício normativo sobre a realidade legislada.[2]

A Ciência da Legislação surge, portanto, com o objetivo de transcender o campo de compreensão da lei para se preocupar com as condições e técnicas adequadas à produção normativa de qualidade. Nesse sentido, representa abordagem teórica cujo objeto é o fenômeno legislativo como um todo, justificando-se pela necessidade de uma legislação mais eficaz e pelo uso da lei enquanto instrumento voltado para a consecução de mudanças sociais.[3]

Ao longo da história da Ciência da Legislação, vários autores contribuíram para o desenvolvimento do pensar legislativo, entre eles, Hobbes, Locke, Montesquieu, Thomás de Aquino, Jeremy Bentham.[4] Mas foi com a obra de Peter Noll, *Gesetzgebunglehre*, publicada em 1973, que uma abordagem inovadora sobre o agir normativo surge como objeto de estudo científico transdisciplinar, a incorporar ao Direito e a outros ramos correlatos uma dimensão prática do processo legislativo.[5]

Como expoente dessa nova proposta teórica, Canotilho destaca a relevância de uma classificação pentapartida para a organização analítica da Teoria da Legislação, que pode ser assim discriminada: I – Teoria ou Doutrina da Legislação: reflete sobre a abordagem científica e a aplicação dos conhecimentos no âmbito da atividade legislativa; II – Analítica da Legislação: estuda os conceitos de norma, lei e legislação; III – Tática da Legislação: analisa o processo legislativo e os métodos que influenciam na tomada de decisão legislativa (*lobby*); IV – Metódica da Legislação ou Metodologia da Legislação: trata das dimensões político-jurídicas e teorético-decisórias da legislação – justeza, adequação e efetividade das leis, sendo a avaliação legislativa o seu núcleo de expressão; V – Técnica

---

[2] MORAIS, Carlos Blanco. Introdução. *In*: BARBOSA, Maria Nazaré Lins; CAJAIBA, Camila Morais; MARTINS, Garcez; PIRES, Ieda Maria Ferreira (coord.). *Legística*: estudos em homenagem ao professor Carlos Blanco de Moras. 1. ed. São Paulo: Almedina Brasil, 2020, p. 20.

[3] SOARES, Fabiana de Menezes. Legística e Desenvolvimento: a qualidade da lei no quadro da otimização de uma melhor legislação. *Revista da Faculdade de Direito da UFMG*, n. 50, p. 127, jan./jul. 2007.

[4] CAUPERS, João. Relatório sobre o programa, conteúdo e métodos de uma disciplina de Metódica da Legislação. *Legislação: Cadernos de Ciência da Legislação*, Oeiras, n. 35, p. 5-87, out./dez. 2003.

[5] MADER, Luzius. Legislação e Jurisprudência. *Cadernos da Escola do Legislativo*, Belo Horizonte, v. 9. p. 194, jan./dez. 2007.

da Legislação: trata das regras gerais sobre a elaboração das leis, com divisões, sistemas e linguagens.[6]

Apesar de se valer da expressão "Ciência da Legislação", ressalta-se que a sua utilização não é unânime. Outros autores, como Morand,[7] preferem utilizar o termo "Legística" em razão do posicionamento sistemático que o termo recebe tanto dos países da família romano-franco-germânica (*civil law*) quanto do Direito consuetudinário (*common law*) através do termo "Legistics".[8]

Nesse sentido, a palavra "Legística" passa a ser adotada como sinônimo de Ciência da Legislação, sendo utilizada ora como parte da Ciência da Legislação que se ocupa da técnica legislativa, ora como parte que se refere especificamente à metódica legislativa.

Portanto, para Morand,[9] a Legística formal, como sinônimo de Técnica da Legislação, se preocupa com a estrutura das normas e com seus instrumentos de comunicação. Já a Legística material, como parte da Metódica da Legislação, se refere à análise do conteúdo da produção legislativa por meio de etapas que se orientam a elevar os graus de efetividade e de eficácia das normas produzidas.

Por fim, outros juristas se valem, a respeito do tema, do termo Legisprudência, como Luzius Mader[10] e Luc J. Wintgens.[11]

O primeiro autor entende que a referida terminologia é a mais adequada a englobar tanto os aspectos teórico-filosóficos quanto as orientações essencialmente práticas ou pragmáticas dessa abordagem global acerca da legislação.

Nesse sentido, identifica oito áreas específicas que discriminam a atividade legislativa, sendo elas: I) Legística Material ou Metódica Legislativa: caminho metodológico de elaboração de conteúdos normativos a partir de ferramentas práticas; II) Legística Formal: preocupa-se com a

---

[6] CANOTILHO, J. Gomes. Os impulsos modernos para uma teoria da legislação. *Legislação: Cadernos de Ciência da Legislação*, Oeiras, n. 1, p. 7-14, abr./jun. 1991.

[7] MORAND, Charles-Albert. Éléments de Légistique Formelle e Matérielle. *In:* MORAND, Charles-Albert (org.). *Légistique Formelle et Matérielle*. Aix-en-Provence: Presse Universitaires d'Aix-Marseille, 1999, p. 17-45.

[8] SOARES, Fabiana de Menezes. Legística e Desenvolvimento: a qualidade da lei no quadro da otimização de uma melhor legislação. *Revista da Faculdade de Direito da UFMG*, n. 50, p. 127, jan./jul. 2007.

[9] MORAND, Charles-Albert. Éléments de Légistique Formelle e Matérielle. *In:* MORAND, Charles-Albert (org.). *Légistique Formelle et Matérielle*. Aix-En-Provence: Presse Universitaires d'Aix-Marseille, 1999, p. 17-45.

[10] MADER, Luzius. Legislação e Jurisprudência. *Cadernos da Escola do Legislativo*, Belo Horizonte, v. 9, p. 193-206, jan./dez. 2007.

[11] WINTGENS, Luc J. *Legisprudence*: Practical Reason in Legislation. Farnham: Ashgate, 2012.

estrutura e aspectos formais da legislação; III) Redação Legislativa: trata dos aspectos linguísticos da legislação; IV) Comunicação Legislativa: se refere à maneira de se realizar a publicação de textos normativos; V) Processo Legislativo: o processo de elaborar, editar e implementar a legislação; VI) a Gestão de Projetos Legislativos: aplicação de técnicas de administração à legislação; VII) Sociologia da Legislação: ramo que estudo o processo político da atividade normativa; e VIII) Teoria da Legislação: análise do papel ou função da legislação como um instrumento de controle social exercido pelo Estado.

Já Wintgens desenvolve uma proposta teórico-epistemológica baseada na ideia de liberdade como princípio, construindo um espaço de questionamento às vertentes positivistas calcadas no legalismo, ambiente esse capaz de conceber um modelo de racionalidade legislativa que implique a tomada de decisões orientadas a resultados de efetividade, e não de formalidades abstratas.

Tal abordagem aponta para uma "elaboração legislativa 'responsiva' que reconhece as limitações à liberdade próprias da legislação que nem sempre representa a melhor escolha para satisfazer as demandas sociais e/ou incrementar a efetividade de direitos".[12]

Valendo-se, assim, da análise das referências mencionadas, este trabalho parte de uma dupla perspectiva teórica quanto ao estudo do fenômeno legislativo. A primeira, de caráter filosófico, se apoia na Legisprudência da forma como é compreendida por Wintgens,[13] a quem deve ser atribuída a elaboração de uma teoria racional da legislação fundada em princípios epistemológicos próprios.

A segunda, de caráter teórico-metodológico, se refere à Legística Material enquanto Metódica da Legislação, visto que, de forma complementar ao conceito de Legisprudência, procura desenvolver ferramentas de uso prático que buscam facilitar as diferentes etapas analíticas de uma atividade legislativa de qualidade.

As bases conceituais da Legisprudência e da Legística Material permitem, nesse sentido, a construção de uma proposta racional de atuação legislativa que esteja adequadamente ancorada em um processo informacional e em uma perspectiva democrática de decisão legislativa. Cria-se, a partir dessas premissas, uma dimensão jurídico-pragmática de desempenho parlamentar, cujo modo de funcionamento possui características empíricas e normativas, com o intuito de atingir, em grau

---

[12] SOARES, Fabiana de Menezes. *Estudos em Legística*. Tribo da ilha, 2019, p. 8.
[13] WINTGENS, Luc J. *Legisprudence*: Practical Reason in Legislation. Farnham: Ashgate, 2012.

máximo, a efetividade dos direitos fundamentais e a consolidação da democracia constitucional.

1.2 A Legisprudência como referencial teórico-epistemológico[14]

1.2.1 O legalismo em crise: do legalismo forte ao legalismo fraco

Como uma das teorias a exercer considerável influência nos processos de racionalização e de qualificação da produção normativa pelo Estado, a Legisprudência de Wintgens[15][16] analisa o fenômeno da decisão legislativa pela perspectiva de sua justificativa, concebendo-se critérios juridicamente consolidados e aplicáveis ao legislador.

Assim, a partir da configuração do Estado moderno, que se fundamenta no conceito de "Legalismo clássico",[17] justifica-se a mudança do paradigma contratualista para aquilo que o autor chama de "Legalismo fraco", movimento em que a atividade legislativa situa o destinatário da norma como principal sujeito a influenciar na decisão sobre as condições em que a sua liberdade será limitada. Essa transição, marco de partida da Legisprudência, é o tema de análise a ser desenvolvido neste tópico.

Ciente da baixa qualidade da produção legislativa e do fenômeno da explosão normativa resultante do positivismo jurídico, Wintgens[18] lança mão de uma leitura crítica da tradição legalista ocidental, por se tratar de movimento que, de acordo com os seus ideais, visa questionar a dissociação da moral do conteúdo jurídico das normas. Tal divisão torna, na visão do autor, o aspecto formal do ordenamento absoluto e universal, a legitimar os comportamentos jurídicos aceitos pela sociedade.

---

[14] Apesar de sua relevância teórica, a Legisprudência é abordagem ainda pouco estudada pela comunidade jurídica nacional. Assim, em razão do caráter incipiente quanto aos estudos sobre o tema, espera-se que, de alguma forma, este trabalho possa contribuir com o crescimento de suas raízes nas instituições brasileiras.

[15] WINTGENS, Luc J. *Legisprudence*: Practical Reason in Legislation. Farnham: Ashgate, 2012.

[16] A análise terminológica da palavra "Legisprudência" parte da coordenação dos termos "*Legis*" e "*prudentia*" (legislar com prudência), sendo fruto do mesmo raciocínio etimológico utilizado para análise do termo Jurisprudência.

[17] A expressão "Legalismo clássico" é utilizada neste trabalho como sinônimo de "Legalismo forte". O referido conceito é um dos destaques da obra de Wintgens.

[18] WINTGENS, Luc J. *Legisprudence*: Practical Reason in Legislation. Farnham: Ashgate, 2012.

Destaca-se que a atividade legislativa compreendida pelo referido modelo não é objeto de investigação, de críticas, de racionalidade, surgindo a necessidade de se incluir na Teoria do Direito uma teoria da produção legislativa de caráter racional, com a presença de princípios, de pressupostos e metodologia próprios. Nesse sentido, a complexidade do fenômeno da legitimidade do poder soberano quanto à edição de normas jurídicas passa a não mais se resolver em termos formais, sendo questionável a concepção de uma rígida estrutura de composição do ordenamento jurídico que se retroalimenta.[19]

A atitude epistemológica positivista que se fundamenta no movimento legalista clássico não considera como parte integrante dessa estrutura a realização de juízos de valores, uma vez que a dimensão compreendida pelo Direito se revela por um dado ou fato social. Assim, o fenômeno jurídico nasce do marco divisório do momento de criação da norma e da sua existência formal, sendo o primeiro momento um fenômeno político ou metajurídico, e o segundo o próprio objeto normativo juridicamente considerado.[20]

Ao recepcionar essa divisão, o positivismo jurídico desconsidera a existência de um primeiro nível de decisão presente no processo normativo, pela qual se verifica o início do enfrentamento de uma problemática da realidade já capaz de gerar consequências jurídicas tão relevantes quanto às produzidas no plano de aplicabilidade da lei.[21] Por conseguinte, o entendimento de que o Direito se preocupa tão somente com a atividade decisória do Poder Judiciário ignora por completo a juridicidade dos valores sociais em conflito que se mostram presentes no momento da elaboração da decisão legislativa.[22]

A decisão legislativa, caso considerada pela dogmática jurídica como instância meramente política, reforça um sentido ideológico que mantém a legalidade calcada nos pressupostos formais a constituírem a autoridade do próprio Direito, afastando-o das dinâmicas sociais por

---

[19] KAITEL, Cristiane Silva. *A Efetividade e a Elaboração Legislativa do Direito à Alimentação*: Política Pública, Educação e Gestão Participativa. 2016. Tese (Doutorado em Direito) – Universidade Federal de Minas Gerais, programa de pós-graduação em Direito, Belo Horizonte. p. 35.
[20] BORGES, Clarissa Tatiana de Assunção. *Justificação da legislação na perspectiva da legisprudência*: princípios de avaliação e controle da legislação. 2011. Dissertação de Mestrado. Universidade Federal de Minas Gerais, programa de pós-graduação em Direito, Belo Horizonte, 2011, p. 20.
[21] ATIENZA, Manuel. *Contribución a una teoría de la legislación*. Madri: Civitas, 1997, p. 19.
[22] WINTGENS, Luc J. *Legisprudence*: Practical Reason in Legislation. Farnham: Ashgate, 2012, p. 193.

meio de definições universais e analíticas, em que o comportamento ético se pauta no simples cumprimento da lei.

Como alternativa a aproximar o aspecto normativo da produção legal com a realidade dos fatos, entende-se como tarefa da hermenêutica jurídica compreender a funcionalidade do processo legislativo enquanto fenômeno de superação da máxima de que decisões de caráter político operam no plano da legislação sobre regras gerais, e, em conformidade com tais regras, as decisões de caráter técnico-jurídico incidem sobre casos individuais.[23] Nesses termos, cabe ao juiz que decide compreender, no plano jurídico, as condições da tomada de decisão legislativa sem colocar em dúvida a validade de sua decisão perante o ordenamento.

Inserida nessa perspectiva, a Legisprudência, como ramo do conhecimento que estuda a racionalidade da atividade normativa, se propõe a reconstruir as bases do legalismo positivista, atribuindo-lhe um sentido mais alinhado às ideias de liberdade e de democracia a romper com a organização política contratualista clássica, que parte da eleição de um soberano por um ato de vontade do sujeito.

Wintgens[24] argumenta que o contrato social, tradicionalmente concebido como uma verdade inquestionável, seja pelo objetivo de combater o estado de natureza proposto por Hobbes, seja pelo induzimento racional de adesão defendido por Rousseau como expressão de uma vontade geral, possui a função de priorizar o aspecto da segurança nas relações jurídicas, desconsiderando a influência material de valores constitucionalmente consagrados que julga colocar em risco essa dinâmica formal de reconhecimento de direitos.

Com base nessa ordem de ideias, Bobbio[25] reforça que o plano da aplicabilidade jurídica, espaço de materialização da justiça, é neutralizado pelo plano da validade normativa, cuja condução se dá pela vontade do agente soberano. Assim, destaca que o fato de as normas serem consideradas, no modelo positivista, suficientemente justas simplesmente por terem sido emanadas pela autoridade eleita faz com que a justiça normativa se reduza, de forma indevida, à própria validade das normas que compõem o ordenamento jurídico. Nesse sentido, a Legisprudência reconhece, já no processo legislativo, um espaço de

---

[23] SANTOS, Flávia Pessoa. *Incorporação do conflito no processo legislativo para a conformação do discurso de justificação da lei*. Dissertação de Mestrado. UFMG, Belo Horizonte, 2017, p. 41-42.

[24] WINTGENS, Luc J. *Legisprudence*: Practical Reason in Legislation. Farnham: Ashgate, 2012.

[25] BOBBIO, Norberto. *Teoria da Norma Jurídica*. Bauru (SP): EDIPRO, 2001, p. 54.

concepção de justiça, desde que esse conceito de atividade normativa justa seja incorporado à ideia de racionalidade da dinâmica legislativa.

Esse reconhecimento prévio da importância da justiça material no campo da normatividade traz consigo outra questão igualmente crítica ao modelo positivista. Trata-se da questionável desnecessidade de justificativa na formulação da vontade legislativa do Estado contratualista clássico.

De acordo com Wintgens,[26] todo ato do representante, nesse modelo político, é legítimo e fundamentado pelo pacto que o antecedeu. Assim, essa desnecessidade de se justificar as leis estaria inserida na ideia de que, para o Direito, a liberdade do cidadão possui expressão de relevância jurídica na conduta juridicamente determinada pelo próprio Estado.[27] A liberdade para os contratualistas é exercida, portanto, no domínio da política e segundo suas leis, sendo menos importante o aspecto moral das ações dos indivíduos.

A partir desse contexto de renúncia da liberdade moral, a preferência por uma liberdade política coletiva verifica-se como condição de formação do contrato social, que por sua vez serve de base teórica à dogmática jurídico-positiva. Nasce, nesse contexto, a ideia daquilo que Wintgens[28] chama de "legalismo forte", cuja expressão se define pela concepção do comportamento normativo livre como observância das regras de Direito posto.

As principais características desse modelo legalista são apresentadas pelo referido jurista a partir dos seguintes termos: representacionalismo; intemporalidade; instrumentalismo oculto ou dissimulado; estatismo e o modo científico do estudo do Direito.[29]

Explica o autor que o representacionalismo expressa a ideia de que o Direito é a própria representação da realidade, seja pelo pressuposto jusnaturalista de que o seu conteúdo advém de uma norma substancial transcendental, seja pela premissa positivista de que o Direito é a materialização própria da decisão do soberano assentada pelo contrato social. Com base nesse referencial, se o conteúdo do Direito consubstancia

---

[26] WINTGENS, Luc J. *Legisprudence*: Practical Reason in Legislation. Farnham: Ashgate, 2012, p. 51.
[27] SANTOS, Letícia Camilo dos. *Análise da decisão judicial no quadro da Legisprudência*: o diálogo das fontes do direito. Dissertação de Mestrado. UFMG, Belo Horizonte, 2011, p. 82-83.
[28] WINTGENS, Luc J. *Legisprudence*: Practical Reason in Legislation. Farnham: Ashgate, 2012.
[29] WINTGENS, Luc J. *Legisprudence*: Practical Reason in Legislation. Farnham: Ashgate, 2012, p. 147.

uma norma transcendente, reproduzida pelo Direito do soberano, o soberano representa o Direito.[30]

A intemporalidade, por sua vez, não carece de maiores esforços para sua compreensão, uma vez que corresponde à assertiva de que, se a verdade é absoluta e eterna, as leis seguiriam a mesma lógica.[31]

Já a noção de um instrumentalismo dissimulado ou oculto possui fundamento na tarefa do Direito de realizar as regras sem que elas tenham que sofrer um juízo valorativo. Assim, qualquer regra validamente inserida no ordenamento jurídico é verdadeira, o que significa que o valor, meta ou fim é correto do ponto de vista moral, fato que dissimula a natureza discutível desses atributos pela impossibilidade de quaisquer questionamentos.[32]

O quarto atributo, o estatismo, eleva o direito do Estado a um caráter oficial, prescrevendo o que é o correto e prevalecendo sobre qualquer outra proposição a que se pretenda atribuir valor normativo.

Por fim, Wintgens[33] destaca que o modo científico do estudo do Direito parte do pressuposto de que a Ciência Jurídica cuida do estudo das proposições verdadeiras, equiparando-se, portanto, às ciências naturais em seu aspecto metodológico. Como principal consequência dessa postura epistemológica, Palombella[34] sinaliza que o ordenamento jurídico se apresenta como um conjunto fechado de proposições conectadas em um plano lógico-dedutivo, elevando o Direito à condição de fato, de um dado existente, e não como um valor a realizar.

As características do legalismo forte definidas carregam em suas entrelinhas uma definição de liberdade formal contraposta pelas bases teóricas da Legisprudência, que se coloca na função de propor uma reformulação das premissas filosóficas do contrato social pela ideia de legalismo fraco. Wintgens[35] fornece, a partir dessa perspectiva, fundamentos jurídico-racionais que permitem transformar a atuação

---

[30] SANTOS, Flávia Pessoa. *Incorporação do conflito no processo legislativo para a conformação do discurso de justificação da lei*. Dissertação de Mestrado. UFMG, Belo Horizonte, 2017, p. 44.

[31] WINTGENS, Luc J. *Legisprudence*: Practical Reason in Legislation. Farnham: Ashgate, 2012, p. 153.

[32] BORGES, Clarissa Tatiana de Assunção. *Justificação da legislação na perspectiva da legisprudência*: princípios de avaliação e controle da legislação. 2011. Dissertação de Mestrado. Universidade Federal de Minas Gerais, programa de pós-graduação em Direito, Belo Horizonte, 2011, p. 34.

[33] WINTGENS, Luc J. *Legisprudence*: Practical Reason in Legislation. Farnham: Ashgate, 2012, p. 172.

[34] PALOMBELLA, Gianluigi. *Filosofia do direito*. Tradução Ivone C. Benedetti. Revisão Técnica Ari Solon. São Paulo: Martins Fontes, 2005, p. 121.

[35] WINTGENS, Luc J. *Legisprudence*: Practical Reason in Legislation. Farnham: Ashgate, 2012.

parlamentar em um processo de criação de normas vinculado ao atendimento de princípios capazes de legitimar, no plano jurídico, o processo normativo.

Nesses termos, como o legalismo forte se expressa pelo exercício político da liberdade através de um comportamento que se amolda às limitações estabelecidas pelo Estado soberano, o legalismo fraco parte da ideia de que cada sujeito é, antes de tudo, livre para agir como desejar, dispondo de uma variedade de possibilidades de ação capaz de materializar um conceito moral de liberdade. Ao representarem, assim, a imposição de limitações à liberdade do cidadão, os atos normativos devem apresentar uma justificativa que racionalmente demonstre a necessidade da intervenção estatal proposta.

Sobre esse ponto, algumas considerações são necessárias. Não se pretende reduzir, aqui, o campo de aplicação da lei com o intuito de garantir ao cidadão o exercício de uma liberdade fundada a partir de meras preferências e escolhas individuais, cujo fim principal seja a concretização de objetivos que traduzam um sentimento de satisfação pessoal. Ao contrário, o conceito de liberdade a ser defendido pelos fundamentos do legalismo fraco parece se alinhar àquilo que Sen[36] compreende como liberdade de agência do sujeito, isto é, situação em que há o reconhecimento de que as instituições legais devem preservar um estágio da liberdade humana que amplia as oportunidades e as condições individuais de liberdade e de ação.

Em termos concisos, o autor destaca que a liberdade de agência diz respeito a valores e objetivos mais amplos e socialmente relevantes, cujas aspirações transcendem a ideia de liberdade a realizar aspectos pessoais.[37] Contraria, assim, o que ele denomina de liberdade de bem-estar, que se concentra em maior intensidade na capacidade de uma pessoa para desfrutar realizações que correspondam a uma situação de satisfação individual.

Wintgens[38] entende que a escolha, pelo sujeito, de uma entre as infinitas possibilidades de ação já seria, de forma paradoxal, uma limitação da própria liberdade exercida. Ao se fazer necessária a limitação da liberdade para possibilitar a ação, o autor se vale da expressão

---

[36] SEN, Amartya. Well-being, agency and freedom: the Dewey Lectures 1984. *The Journal of Philosophy*, v. 82, n. 4, p. 169-221, 1985.
[37] SEN, Amartya. Well-being, agency and freedom: the Dewey Lectures 1984. *The Journal of Philosophy*, v. 82, n. 4, p. 169-221, 1985, p. 203.
[38] WINTGENS, Luc J. *Legisprudence*: Practical Reason in Legislation. Farnham: Ashgate, 2012, p. 123.

"concepção"[39] como forma de tradução da escolha realizada, de maneira que as concepções são uma condição necessária para a concretização da ação em si.

Tais concepções, por sua vez, se consumam pelo cumprimento de duas condições. Na primeira, circunstância em que o autor denomina de "concepção de liberdade",[40] o sujeito da ação atua de forma autônoma assumindo a responsabilidade de suas próprias concepções, de maneira que tal processo se revela pela limitação interna da sua própria liberdade. Na segunda, o sujeito atua em uma concepção de liberdade da qual o processo de escolha não tem controle, havendo, portanto, uma limitação externa da liberdade, chamada de "concepção sobre a liberdade".[41]

Com base nesses argumentos, para o legalismo fraco a moral exerce certo grau de prioridade sobre o Direito, de modo que essa prioridade permite relativização desde que por motivos devidamente justificados. Assim, somente em tais contextos as concepções sobre a liberdade poderiam prevalecer frente às concepções de liberdade.[42]

Na perspectiva do legalismo fraco, a compreensão de que a liberdade no sentido moral é o princípio da organização do espaço jurídico-político torna possível a inversão da lógica contratualista ancorada no legalismo forte, de maneira a se afirmar que o sentido moral da liberdade está sempre em conflito com a liberdade do sentido político.[43]

Por esta nova postura, ao invés de se outorgar uma espécie de procuração em branco ao Estado para legislar discricionariamente em nome da sociedade, a cada nova regra normativa, que naturalmente representa uma concepção sobre a liberdade, exige-se um exercício dialógico com relação a uma concepção de liberdade.[44]

---

[39] Tradução livre. Na redação original, "Conception".
[40] Tradução livre. Na redação original, "Conceptions of freedom". WINTGENS, Luc J. *Legisprudence*: Practical Reason in Legislation. Farnham: Ashgate, 2012, p. 123.
[41] Tradução livre. Na redação original, "Conceptions about freedom". WINTGENS, Luc J. *Legisprudence*: Practical Reason in Legislation. Farnham: Ashgate, 2012, p. 123.
[42] KAITEL, Cristiane Silva. *A Efetividade e a Elaboração Legislativa do Direito à Alimentação*: Política Pública, Educação e Gestão Participativa. 2016. Tese (Doutorado em Direito) – Universidade Federal de Minas Gerais, programa de pós-graduação em Direito, Belo Horizonte. p. 31.
[43] SANTOS, Flávia Pessoa. *Incorporação do conflito no processo legislativo para a conformação do discurso de justificação da lei*. Dissertação de Mestrado. UFMG, Belo Horizonte, 2017, p. 48.
[44] BORGES, Clarissa Tatiana de Assunção. *Justificação da legislação na perspectiva da legisprudência*: princípios de avaliação e controle da legislação. 2011. Dissertação de Mestrado. Universidade Federal de Minas Gerais, programa de pós-graduação em Direito, Belo Horizonte, 2011, p. 36.

Assim, ao colocar a liberdade autônoma em detrimento da vontade soberana como princípio da ideia de legalismo fraco, a ressignificação dos aspectos moral e político proposta pela Legisprudência deve ser compreendida pela importância da capacidade do indivíduo de atuar segundo as próprias convicções, sendo a relativização de sua concepção de liberdade possível desde que por meio de justificação explícita que reconheça a necessidade de uma concepção sobre a liberdade em determinada situação.[45]

Estabelecida, por esse raciocínio, a dialética entre a moral e o Direito dentro do contexto legisprudencial, da qual surge a ideia de liberdade como pilar principiológico do legalismo fraco, necessário se faz o aprofundamento da análise da Legisprudência sobre o conceito de liberdade em suas diferentes dimensões.

Sobre o tema, necessário o esclarecimento de que uma ação que não seja fruto de uma escolha reflexiva do sujeito não deve ser considerada uma ação, mas mero comportamento.[46] Nesse sentido, a gama de possibilidades que antecede a ação do sujeito representa a sua liberdade formal e reflexiva em uma primeira dimensão.

Em um segundo momento, se todos os sujeitos são livres, todos devem fruir de uma mesma quantidade de liberdade, isto é, de uma igual quantidade de liberdade. A igualdade é, por consequência lógica, a segunda dimensão normativa da liberdade.[47]

Por fim, a passagem da condição formal de liberdade para a sua materialização no plano da realidade se dá pela compreensão de sua terceira dimensão, a dimensão social. Esta se revela pela possibilidade de limitação externa da sociedade sobre a liberdade, desde que precedida de uma argumentação racional que use o convencimento para determinar a ação do sujeito.[48]

Assim, a materialização da liberdade, realizada pela dinâmica de suas três dimensões normativas (reflexividade, igualdade e interatividade social), faz resultar seis características da liberdade como princípio

---

[45] WINTGENS, Luc J. *Legisprudence*: Practical Reason in Legislation. Farnham: Ashgate, 2012, p. 173.
[46] BORGES, Clarissa Tatiana de Assunção. *Justificação da legislação na perspectiva da legisprudência*: princípios de avaliação e controle da legislação. 2011. Dissertação de Mestrado. Universidade Federal de Minas Gerais, programa de pós-graduação em Direito, Belo Horizonte, 2011, p. 36.
[47] WINTGENS, Luc J. *Legisprudence*: Practical Reason in Legislation. Farnham: Ashgate, 2012, p. 173.
[48] WINTGENS, Luc J. *Legisprudence*: Practical Reason in Legislation. Farnham: Ashgate, 2012, p. 173.

da Legisprudência: a) a liberdade é origem a legitimar as ações dos sujeitos; b) a liberdade é a origem a partir da qual a ação é possível; c) por ser ilimitada, a liberdade deve ser definida para que uma ação ocorra; d) a liberdade, em um primeiro momento de caráter, possui duas dimensões normativas, a reflexividade e a igualdade; e) a dimensão social da liberdade é consequência lógica das dimensões anteriores; e f) a ação escolhida pelo sujeito está relacionada à sua postura reflexiva, cujo caráter é subjetivo, conjuntamente ao contexto social.[49]

Importante considerar que tais características devem ser compreendidas de forma ampla, já que não servem simplesmente para situar a liberdade como marco referencial da atividade legislativa, pela qual as possibilidades de ação de cada cidadão devem ser ao máximo preservadas no processo de configuração do espaço político. Na esteira do pensamento de Sen,[50] é preciso complementar que, para além de um processo normativo que interfira minimamente na esfera de liberdade do indivíduo, a normatividade deve ser pensada como instrumento de desenvolvimento social capaz de ampliar a capacidade dos sujeitos quanto ao exercício das liberdades substantivas, transformando cidadãos passivos e receptores de benefícios normativos em agentes protagonistas de mudanças.

Essa mudança de postura epistemológica propõe um redimensionamento institucional para a manifestação política da vontade soberana, que passa a ser efetivamente submetida ao processo de deliberação pública. Nesse contexto, a Legisprudência, ao trazer para o processo legislativo o dever jurídico de justificação como condição de validade e de legitimidade da decisão legislativa, revela a importância de uma feição deliberativa quanto ao modo de produção jurídico, na tentativa de inclusão das pluralidades marginalizadas desse processo. Uma decisão legislativa justificada, como instituto mediado pela pluralidade discursiva capaz de compreender a deliberação das decisões públicas, compõe o tema do próximo tópico de análise.

---

[49] WINTGENS, Luc J. *Legisprudence*: Practical Reason in Legislation. Farnham: Ashgate, 2012, p. 131.
[50] SEN, Amartya. *Desenvolvimento como Liberdade*. São Paulo: Companhia das Letras, 2000.

1.2.2 O dever de justificação no processo legislativo

A releitura do legalismo forte proposta por Wintgens,[51] a partir do legalismo fraco, interfere diretamente na dinâmica normativa. A norma deixa de ser, nesse contexto, o símbolo da legalidade de caráter geral e abstrato, cuja validade formal se mostra suficiente para legitimar os efeitos jurídicos que dela decorrem.

Com essa nova perspectiva, o campo da aplicabilidade normativa passa a ser considerado objeto de análise do processo legislativo, destacando Assunção[52] que a argumentação utilizada ao longo desse percurso se torna instrumento legítimo de justificação do Direito como fenômeno de limitação das liberdades individuais e coletivas.

Quando a liberdade é considerada como princípio da ação do sujeito, o espaço político representa um ambiente de redução e de constrição dessa concepção. Nesse sentido, a imposição de um determinado conceito jurídico só passa a existir a partir de uma dinâmica legislativa racional, que leve em consideração a realidade, a pluralidade e a existência de conflitos sociais.[53]

Por meio desse raciocínio, a outorga absoluta de poderes ao Poder Legislativo para o exercício da função legislativa é substituída, com o conceito de legalismo fraco, por um exercício compensatório em que a restrição da liberdade se dá por meio da argumentação racional que a justifique. O Direito passa, assim, a aceitar que a liberdade se materialize em ação juridicamente relevante, ação essa tanto do ponto de vista moral quanto do ponto de vista político.

É bem verdade que, se analisada a realidade do Poder Legislativo brasileiro, percebe-se a presença de disposições regimentais da obrigação de se apresentar justificativas às proposições legislativas. Contudo, a ausência de sua obrigatoriedade junto ao trâmite legislativo e a liberdade que se dá quanto à disposição dos argumentos que a compõem resultam em fundamentações marcadas pela pessoalidade, isto é, por razões diretamente determinadas pela concepção individual de mundo do legislador.

---

[51] WINTGENS, Luc J. *Legisprudence*: Practical Reason in Legislation. Farnham: Ashgate, 2012.

[52] ASSUNÇÃO, Linara Oeiras. Notas sobre a política brasileira de ciência, tecnologia e inovação: em defesa de uma elaboração legislativa de qualidade. *Estudos em Legística*. Tribo da ilha, 2019, p. 174.

[53] SOARES, Fabiana de Menezes; SANTOS, Flávia Pessoa. A incorporação do dissenso no processo legislativo e seu papel na justificação da lei: condições para a *advocacy* parlamentar. *Estudos em legística*. Tribo da ilha, 2019, p. 238-286.

Diante dessa realidade, Aarnio[54] destaca a responsabilidade levantada pela Legisprudência no sentido de levar a sério as justificativas das propostas legislativas, que possuem a função de potencializar o controle público da decisão, seja pela população, seja pelas instituições. Por meio dessa compreensão, é possível perceber que as premissas do legalismo fraco, apesar de partirem de pontos distintos do legalismo forte, também se preocupam com a segurança jurídica das decisões criadas, sobretudo pelo reconhecimento dos cidadãos, principais destinatários das normas jurídicas quanto ao conteúdo decisório escolhido.

Sob um olhar constitucionalista do fenômeno da justificativa no âmbito legislativo, Barcellos[55] propõe o reconhecimento de um direito fundamental a um devido procedimento na elaboração normativa (DPEN), defendendo a existência de obrigações parlamentares de natureza procedimental que exigem a apresentação pública de uma justificativa contendo razões e informações acerca das proposições normativas.

Necessário o reconhecimento de que a posição pela justificação das decisões legislativas, nesses termos, não retira do Poder Judiciário a preponderância da Jurisdição Constitucional como instância máxima da dinâmica decisória capaz de materializar os direitos fundamentais em situações determinadas. O que se busca com o raciocínio apresentado é a defesa de um diálogo institucional entre os poderes capaz de propor uma perspectiva de Direito que concilie a sua instrumentalidade à necessidade de estabelecimento dos valores constitucionais propostos no programa constitucional vigente.[56]

Nesse sentido, a ignorância do positivismo jurídico quanto ao exercício de elaboração normativa pelo Poder Legislativo, e quanto ao excesso de centralidade do Poder Judiciário na tarefa de aplicar o Direito, deflagra um processo de engessamento do sistema jurídico que se mostra incapaz de reconhecer uma interação dialógica desses poderes em uma mesma cadeia decisória.

---

[54] AARNIO, Aulius. *Lo racional como razonable*: un tratado sobre la justificación jurídica. Madrid: Centro de Estudios Constitucionales, 1991, p. 29.
[55] BARCELLOS, Ana Paula de. *Direitos fundamentais e Direito à justificativa*: devido procedimento na elaboração normativa. 3. ed. Belo Horizonte: Fórum, 2020, p. 23.
[56] SANTOS, Letícia Camilo dos. *Análise da decisão judicial no quadro da Legisprudência*: o diálogo das fontes do direito. Dissertação de Mestrado. UFMG, Belo Horizonte, 2011, p. 80.

Como sinaliza Borges,[57] ambos os poderes se encontram vinculados por regras constitucionais e pela necessidade de atuarem de forma coerente dentro do sistema, de maneira que o legislador, de modo semelhante ao juiz, adota uma postura jurídico-cognitiva frente ao texto constitucional para aplicar o Direito à realidade que o circunscreve.

Essa compreensão permite certa relativização das próprias funções constitucionalmente atribuídas, considerando-se a possibilidade de que as decisões judiciais nem sempre estão fundamentadas em uma razão lógico-dedutiva do ordenamento, e nem o legislador tem a possibilidade de agir discricionariamente em um espaço aberto.[58] Se ambos estão, portanto, juridicamente vinculados a uma mesma realidade constitucional, não faz sentido, em um Estado Democrático, que somente o juiz tenha a obrigação de motivar as suas decisões.

Uma perspectiva que coloque os legisladores e juízes em um mesmo patamar decisório passa a ser, por conseguinte, de relevante importância para o cumprimento dos fundamentos legisprudenciais. Embora em dimensões e contextos diferentes, os dois agentes aplicam[59] o Direito criando sentidos interpretativos às normas jurídicas.

Os juízes, de um lado, formulam juízos específicos de aplicação do Direito em um caso concreto. O legislador, por outro, justifica/aplica as suas escolhas legislativas a partir da construção de sentidos jurídicos de caráter geral, que se encontram inseridos em uma realidade política contextualmente determinada. Dessa maneira, conclui Wintgens[60] que os legisladores, tal como os juízes, estão vinculados a uma mesma dinâmica normativa, cujo pano de fundo é a própria Constituição.

Não se pode negar, todavia, que a natureza da argumentação judicial a constitui com características próprias e diferentes daquelas presentes na argumentação legislativa. Ainda que aquela esteja marcada por um juízo de subsunção normativa, pelo reconhecimento de um princípio ou pela necessidade de ponderação no caso concreto, o traço

---

[57] BORGES, Clarissa Tatiana de Assunção. *Justificação da legislação na perspectiva da legisprudência*: princípios de avaliação e controle da legislação. 2011. Dissertação de Mestrado. Universidade Federal de Minas Gerais, programa de pós-graduação em Direito, Belo Horizonte, 2011, p. 102.

[58] BARCELLOS, Ana Paula de. *Direitos fundamentais e Direito à justificativa*: devido procedimento na elaboração normativa. 3. ed. Belo Horizonte: Fórum, 2020, p. 29.

[59] Segundo Streck, "aplicação, no sentido hermenêutico (*applicatio*), não é apenas aplicação a uma situação concreta em termos judiciais" (STRECK, 2011, p. 120). O tema da aplicação do Direito no sentido hermenêutico é tratado com maior profundidade no tópico 1.4.1.

[60] WINTGENS, Luc J. *Legisprudence*: Practical Reason in Legislation. Farnham: Ashgate, 2012, p. 140.

que parece ser mais relevante para o raciocínio da Legisprudência é a sua orientação fática voltada para o passado.[61]

Argumenta a autora que o legislador, ao contrário do juiz, constitui em sua estrutura argumentativa um raciocínio de tipo aberto e voltado para o futuro, por meio do qual, a partir de um diagnóstico da realidade, se estabelecem estratégias e objetivos orientados a alcançar a maneira constitucionalmente mais adequada para a efetivação dos direitos fundamentais.

Sendo assim, a constituir essa linha de argumentação, Wintgens[62] sugere que o processo de justificação deve ser estruturado a partir de quatro princípios fundamentais e programáticos, sendo eles: alternatividade, densidade normativa, temporalidade e coerência.

Conforme as suas considerações, a alternatividade, por ser baseada na capacidade dos sujeitos de agirem em concepções de liberdade, coloca a justificativa a ser dada pelo legislador como contrapeso da falha que surge da interação social e da comunicação entre os indivíduos.[63] Assim, o esforço argumentativo deve ser suficiente a justificar o motivo pelo qual a concepção sobre liberdade do soberano deve prevalecer frente à concepção de liberdade do sujeito.

Nesse sentido, a justificativa legislativa tem como objetivo, com base no referido princípio, o de compreender a situação problemática que envolve a proposta normativa, sendo imprescindível que os discursos de pluralidade sejam capazes de identificar os grupos sociais relevantes para o conflito que se busca solucionar.[64]

Já o princípio da densidade normativa estabelece que a imposição de sanção pela iniciativa do legislador, por representar o grau máximo de restrição à liberdade do sujeito, se torna legítima quando precedida de justificação especial que contenha um grau argumentativo ainda

---

[61] BORGES, Clarissa Tatiana de Assunção. Justificação da legislação na perspectiva da legisprudência: princípios de avaliação e controle da legislação. 2011. Dissertação de Mestrado. Universidade Federal de Minas Gerais, programa de pós-graduação em Direito, Belo Horizonte, 2011, p. 64.

[62] WINTGENS, Luc J. *Legisprudence*: Practical Reason in Legislation. Farnham: Ashgate, 2012, p. 231.

[63] WINTGENS, Luc J. *Legisprudence*: Practical Reason in Legislation. Farnham: Ashgate, 2012, p. 257.

[64] SOARES, Fabiana de Menezes; SANTOS, Flávia Pessoa. A incorporação do dissenso no processo legislativo e seu papel na justificação da lei: condições para a *advocacy* parlamentar. *Estudos em legística*. Tribo da ilha, 2019, p. 252.

mais consistente se comparado àquele utilizado na atividade legislativa regular.[65]

Significa dizer que, mesmo que a argumentação legislativa esteja ancorada no princípio da alternatividade, o princípio da densidade normativa exige uma suplementação argumentativa para prever, quando necessária, a sanção imposta. Por esse motivo, os objetivos da lei devem buscar o amparo de alternativas legislativas menos gravosas aos destinatários da norma, havendo a necessidade de se ponderar meios de solução de conflitos mais eficazes e menos restritivos.

Pelo princípio da temporalidade, Wintgens[66] parte da historicidade da condição humana para contrariar a perspectiva do legalismo forte que equivocadamente atribui caráter universal e atemporal às leis.

Assim, a verdade contida na norma jurídica, representada pela ideia de que todo arranjo normativo possui uma essência passível de investigação, se mostra relativa em face do seu contexto histórico de produção, não significando que o legislador deva ter olhos somente para a situação presente.[67] De forma prospectiva, ele deve elaborar a norma com base na sua capacidade interpretativa acerca da realidade, projetando, a partir dela, hipóteses cujas probabilidades de confirmação atinjam níveis aceitáveis de segurança jurídica.

Por fim, pelo princípio da coerência, Wintgens[68] justifica as concepções sobre a liberdade a partir da ideia de que a inteligibilidade de uma norma jurídica depende de um conjunto complexo de proposições normativas, que devam considerar o sistema jurídico como um todo conectado à dinâmica das relações sociais. É a partir do reconhecimento dos níveis de coerência desse sistema que se faz possível a construção de uma argumentação consistente a justificar a restrição à liberdade dos destinatários da norma.

Como decorrência da "Teoria dos Níveis de Coerência", o jurista belga compõe o seu discurso analítico pela descrição de quatro níveis

---

[65] WINTGENS, Luc J. *Legisprudence*: Practical Reason in Legislation. Farnham: Ashgate, 2012, p. 271.
[66] WINTGENS, Luc J. *Legisprudence*: Practical Reason in Legislation. Farnham: Ashgate, 2012, p. 267.
[67] BORGES, Clarissa Tatiana de Assunção. *Justificação da legislação na perspectiva da legisprudência*: princípios de avaliação e controle da legislação. 2011. Dissertação de Mestrado. Universidade Federal de Minas Gerais, programa de pós-graduação em Direito, Belo Horizonte, 2011, p. 178.
[68] WINTGENS, Luc J. *Legisprudence*: Practical Reason in Legislation. Farnham: Ashgate, 2012, p. 235.

gradativos a serem considerados no discurso que compõe a justificação legislativa.

Em raciocínio sintético desenvolvido por Kaitel,[69] os referidos níveis são conceituados da seguinte maneira: o nível de coerência 0 ou sincrônica se materializa pela simples ausência de contradição normativa em um nível elementar do discurso que se reconheça a presença de sentido; já o nível de coerência 1 se mostra suficiente quando, na dinâmica do tempo, a aplicação simultânea das normas não tenha como consequência contradições, sendo esse tipo de incoerência normalmente resolvido pelos critérios usuais de solução de antinomias e pela interpretação conforme a Constituição. Segundo o nível de coerência 2 ou coerência sistêmica, as normas, quando aplicadas em conjunto, não devem anular o efeito umas das outras; o último nível de coerência, o de número 3, além de exigir os elementos presentes nos níveis anteriores, considera o sistema normativo como um todo coerente com a realidade, de maneira que esse todo seja fundamentado em uma teoria, a da liberdade como princípio e fio condutor de toda ação no Direito.

Sendo esses, portanto, os princípios de maior relevância para a Legisprudência, Wintgens[70] se vale dos seus fundamentos para desenvolver seis "deveres" ao legislador, a serem observados ao longo do processo de justificação normativa.

Também de forma bastante sintetizada, são eles: a) o dever de identificação de fatos relevantes – o processo de legislar deve ser iniciado com uma avaliação dos fatos e com uma discussão de como esses fatos serão levantados (com participação dos destinatários e atingidos); b) o dever de formulação do problema – a identificação de uma certa situação ou fato como problemático é importante para que se defina o escopo da limitação a ser discutida; c) o dever de ponderar as alternativas – esta discussão deve se dar de forma horizontal, sem preponderância *a priori* da legislação. A justificativa deve ser racional e deve-se dar preferência às alternativas com menor densidade normativa; d) o dever de prospecção – é o dever de levar em consideração futuras circunstâncias ou de realizar uma avaliação *ex ante*. Este exercício de olhar para o futuro deve ter uma conexão com a realidade; e) o dever de retrospecção – é o dever de avaliar os efeitos (concretos) que a limitação exterior teve ou de realizar uma avaliação *ex post*; e f) o

---

[69] KAITEL, Cristiane Silva; EYNG, Esther Külkamp. Bases teóricas da Legística. *Estudos em Legística*. Tribo da ilha, 2019, p. 86.
[70] WINTGENS, Luc J. *Legisprudence*: Practical Reason in Legislation. Farnham: Ashgate, 2012.

dever de corrigir – após ter cumprido todos os deveres anteriores, ao legislador é imposto (como consequência racional) o dever de corrigir as falhas identificadas.[71]

De acordo com os fundamentos e conceitos expostos, é possível concluir que a ideia de justificativa legislativa, do ponto de vista legisprudencial, traz consigo a possibilidade de ressignificar o conceito de legitimidade da ação normativa, a redirecionar os vetores da liberdade do seu destinatário enquanto princípio.

A partir desse contexto, a Legisprudência, juntamente com a Legística Material, abordagem teórica adiante analisada, se torna perspectiva capaz de otimizar o sistema normativo de forma racional, sempre com o intuito de combater o fenômeno da explosão legislativa e de priorizar um quadro legislativo de boa qualidade.

1.3 Legística Material e avaliação legislativa: uma proposta metodológica

Para além do reconhecimento da Legisprudência como nova possibilidade teórico-epistemológica da dinâmica legislativa, a influência da Ciência da Legislação (Legística) sobre o processo normativo repercute diretamente sobre a teoria do Método no Direito.

Nesses termos, considerando os vários aspectos já mencionados acerca da referida abordagem,[72] o presente estudo lança mão da "Legística Material" (Metódica da Legislação) como proposta teórico-metodológica que pretende, conjuntamente com os preceitos legisprudenciais, elevar o grau de racionalidade das normas jurídicas.

De acordo com as lições de Mader,[73] a Legística Material se ocupa do processo de produção legislativa em suas diferentes etapas, fornecendo a cada uma delas técnicas e ferramentas para a verificação da qualidade legislativa. Nessa linha de raciocínio, a referida vertente surge com a preocupação de desenvolver os fundamentos metodológicos que se

---

[71] KAITEL, Cristiane Silva e EYNG, Esther Külkamp. Bases teóricas da Legística. *Estudos em Legística*. Tribo da ilha, 2019, p. 91.

[72] Verificar as classificações mencionadas acerca da Ciência da Legislação no tópico 1.1.

[73] MADER, Luzius. Evaluating the effects: a contribution to the quality of legislation. *Statute Law Review*, vol. 22, n. 2, p. 120, 2001.

mostrem capazes de compor as possibilidades de controle da legislação e da justificação do legislador ao longo do processo normativo.[74]

Morais[75] defende, como principal função da Legística Material, a concepção de um modelo legislativo cuja alta carga de efetividade se expressa pelo uso da norma como instrumento de intervenção estatal, desde que apresente um conjunto de informações sistematizadas e direcionadas a objetivos socialmente relevantes.

Nesse sentido, sendo a instrumentalidade da atividade normativa a principal característica destacada pelo referido autor, chega-se à conclusão de que dela decorre o que se tem compreendido como funções anexas do processo de elaboração de normas metódico. São elas: a) o seu uso político estratégico, pelas minorias parlamentares, para reintrodução de políticas não consagradas pelo texto original da lei aprovada; b) a contenção de uma tomada precoce de decisão política em situações que ainda carecem de maiores debates; e c) a viabilização de uma tendência do apoio público com o incremento qualitativo das discussões ao longo da apreciação legislativa.[76] [77]

Observa-se, pela análise de tais aspectos, que as funções anexas pormenorizadas consolidam um importante fundamento para a reflexão do pensamento metódico da legislação. Isso porque, paralelamente ao campo da efetividade das normas, sinalizam a importância da legitimidade democrática para o processo de construção normativa. Nesses termos, necessário compreender a atividade legislativa como dinâmica que se orienta pela instrumentalidade da ação normativa, sem desconsiderar, pelos fundamentos expostos, a importância do processo democrático para o contexto da normatividade.

---

[74] SOARES, Fabiana de Menezes. Legística e Desenvolvimento: a qualidade da lei no quadro da otimização de uma melhor legislação. *Revista da Faculdade de Direito da UFMG*, n. 50, p. 8, jan./jul. 2007.

[75] MORAIS, Carlos Blanco. Introdução. *In:* BARBOSA, Maria Nazaré Lins; CAJAIBA, Camila Morais; MARTINS, Garcez; PIRES, Ieda Maria Ferreira (coord.). *Legística*: estudos em homenagem ao professor Carlos Blanco de Moras. 1. ed. São Paulo: Almedina Brasil, 2020, p. 26.

[76] SALINAS, Natasha Schmitt Caccia. Avaliação legislativa no Brasil: apontamentos para uma nova agenda de pesquisa sobre o modo de produção das leis. *Revista Brasileira de Políticas Públicas*, Brasília, vol. 3, n. 2, p. 232, jul./dez. 2013.

[77] VOERMANS, Wim. Avaliação da legislação nos Países Baixos. *Cadernos de Ciência de Legislação*, Oieiras, n. 33/34, p. 67-68, jan./jun. 2003.

Considerando alguns dos principais estudos no campo da Legística Material, dentre eles Caupers,[78] Atienza,[79] Mader,[80] Morand,[81] Delley,[82] é possível dizer que, apesar das nuances quanto às abordagens apresentadas, existe um certo consenso metodológico no tocante ao modo de elaboração legislativa.

Nesses termos, o modelo legislativo adequado no campo da Metódica traz consigo a previsão das seguintes etapas: I) identificação e definição de um problema cuja solução seja o objeto da ação legislativa; II) determinação dos objetivos da legislação; III) definição dos meios legislativos e das alternativas para a solução do problema; IV) avaliação legislativa prospectiva ou *ex ante*, consistente na análise da capacidade legislativa em produzir os efeitos pretendidos pela norma; V) escolha da alternativa legislativa mais adequada a ser submetida à votação; VI) implementação da lei; VII) avaliação legislativa retrospectiva ou *ex post*, consistente no exame dos reais efeitos produzidos pela legislação, sejam eles legalmente previstos ou não; e VIII) adaptação da legislação com base na avaliação legislativa, caso seja necessário.

A análise desse *iter* legislativo sugerido pela Legística Material[83] leva à conclusão de que tais artifícios metodológicos trazem consigo o objetivo de auxiliar o legislador a se conectar com a realidade legislada, formando-se um núcleo racional de práticas que compõem o que Caupers[84] compreende como "problema fundamental" da Metódica da Legislação: a avaliação legislativa.

O conceito de avaliação legislativa se baseia, nesse contexto, em um juízo de racionalidade do legislador, que assume a projeção de uma relação de causalidade entre a alternativa normativa construída

---

[78] CAUPERS, João. Relatório sobre o programa, conteúdo e métodos de uma disciplina de Metódica da Legislação. *Legislação: Cadernos de Ciência da Legislação*, Oeiras, n. 35, p. 5-87, out./dez. 2003.

[79] ATIENZA, Manuel. *Contribución a una teoría de la legislación*. Madri: Civitas, 1997.

[80] MADER, Luzius. Legislação e Jurisprudência. *Cadernos da Escola do Legislativo*, Belo Horizonte, v. 9, p. 193-206, jan./dez. 2007.

[81] MORAND, Charles-Albert. Éléments de Légistique Formelle e Matérielle. *In*: MORAND, Charles-Albert (org.). *Légistique Formelle et Matérielle*. Aix-en-Provence: Presse Universitaires d'Aix-Marseille, 1999, p. 17-45.

[82] DELLEY, Jean-Daniel. Pensar a Lei. Introdução a um Procedimento Metódico. *Cadernos da Escola do Legislativo*, Belo Horizonte, v. 7, n. 12, jan./jun. 2004.

[83] Como bem destaca Kaitel (2016, p. 46), os já mencionados deveres do legislador construídos por Wintgens na Legisprudência guardam relação direta com o *iter* legislativo proposto pela Legística Material.

[84] CAUPERS, João. Relatório sobre o programa, conteúdo e métodos de uma disciplina de Metódica da Legislação. *Legislação: Cadernos de Ciência da Legislação*, Oeiras, n. 35, p. 49, out./dez. 2003.

e as consequências por ela produzidas, identificando tanto os efeitos quanto os impactos decorrentes de sua aplicação.[85]

Com base nesse raciocínio, o referido modelo de atuação, como aspecto nuclear da Legística Material, constitui a "trave mestra do movimento de racionalização" do fenômeno normativo, não devendo ser desconsiderada a necessidade de uma concepção instrumental de Direito que inclua um juízo concomitante do legislador acerca dos parâmetros éticos contidos na norma a ser criada.[86] [87]

Por conseguinte, a complexidade da dinâmica social exige uma revisão contínua da legislação produzida a partir da constante avaliação da realidade da qual ela se insere, sendo as opções legislativas concebidas igualmente submetidas a um exercício ético-normativo de decisão legislativa.

A partir do reconhecimento da importância da avaliação legislativa, a atividade normativa ganha maior alcance enquanto práxis jurídico-política. Sem qualquer pretensão de superar as contingências irracionais presentes no ato de legislar, o referido instituto busca servir como ponto de referência crítico e vigilante das diretrizes do processo legislativo.[88]

Considerando que o objeto deste trabalho passa pela construção de um modelo avaliativo a partir dos referenciais teóricos aqui apresentados (Legisprudência e Legística Material), a disciplina da avaliação legislativa ganhará tópico analítico apartado[89] para um melhor aprofundamento e aproveitamento de seus fundamentos, sobretudo quanto à averiguação das técnicas e dos modelos existentes.

De todo modo, essa breve análise conceitual se justifica no sentido de compor, juntamente com os conceitos legisprudenciais desenvolvidos pelo tópico anterior, os eixos de análise que constituirão o percurso científico a fundamentar a metodologia de trabalho ao final desenvolvida.

Sendo assim, sugerem-se como eixos de análise da racionalidade legislativa o eixo da "instrumentalidade da atividade normativa" e o eixo da "legitimidade democrática" do processo normativo. Considera-se

---

[85] SALINAS, Natasha Schmitt Caccia. Avaliação legislativa no Brasil: apontamentos para uma nova agenda de pesquisa sobre o modo de produção das leis. *Revista Brasileira de Políticas Públicas*, Brasília, vol. 3, n. 2, p. 238, jul./dez. 2013.

[86] CHEVALLIER, Jacques. A racionalização da produção jurídica. *Cadernos de Ciência de Legislação*, p. 18, jan./mar. 1992.

[87] ATIENZA, Manuel. *Contribución a una teoría de la legislación*. Madri: Civitas, 1997, p. 39-40.

[88] PRATES, Terezinha M. L. Método legislativo, uma nova disciplina? *Revista do Ministério Público do Trabalho*, Brasília, n. 6, p. 37, set. 1993.

[89] Ver capítulo 4.

que ambas as figuras se revelam essenciais para a construção de um modelo de avaliação legislativa que se mostre adequado às demandas de uma sociedade contemporânea plural e heterogênea.

1.4 Os eixos de análise

1.4.1 O eixo da instrumentalidade da atividade normativa

Baseando-se na conjugação dos fundamentos teóricos da Legisprudência com o núcleo teórico-metodológico da Legística Material, a ideia de instrumentalidade da atividade normativa, a compor um dos eixos analíticos desenvolvidos por este trabalho, se revela pela compreensão racional das práticas que compõem a dinâmica interna da produção legislativa, de maneira a refletir em um novo modelo de atuação do Poder Legislativo.

Nesse sentido, leva-se em consideração: a contextualização da atividade legislativa na perspectiva do legalismo fraco; o dever de justificação do legislador; os princípios da Legisprudência e as prescrições normativas que dela decorrem; o modelo legislativo metódico e o conceito de avaliação legislativa.

Apesar do reconhecimento da importância de tais requisitos para a composição da estrutura conceitual do eixo analítico proposto, faz-se necessário complementá-lo, na esteira do pensamento de Barcellos, pela reflexão de que o conceito de racionalidade aplicado à atividade legislativa não pode ignorar as circunstâncias que envolvem os agentes públicos responsáveis pela elaboração legislativa, sejam elas a respeito das influências e pressões políticas, da disponibilidade de informações, dos limites possíveis de negociações, dentre tantas outras dimensões a serem ponderadas.[90]

Com base nesse raciocínio, parte-se da ideia de que o agente normativo, por não dispor de total liberdade para o preenchimento do conteúdo da norma, deve adotar uma conduta racional de aplicabilidade[91] do Direito, sem desconsiderar o contexto da realidade da qual

---

[90] BARCELLOS, Ana Paula de. *Direitos fundamentais e direito à justificativa*: devido procedimento na elaboração normativa. 3. ed. Belo Horizonte: Fórum, 2020, p. 149.

[91] Este estudo adota o sentido hermenêutico de aplicação, conforme destacado pelas lições de Streck: "Na(s) teoria(s) de Günther e Habermas, o caso é dependente dos discursos de fundamentação. A aplicação é secundária em relação à fundamentação; já na hermenêutica, não há cisão/distinção entre fundamentação e aplicação" (STRECK, 2011, p. 113).

ele se reconheça inserido, mas, sobretudo, observando os princípios constitucionais aplicáveis *a priori*. O objetivo, aqui, é o de evitar uma tomada de posição legislativa descontextualizada da realidade social e embasada em argumentos de convicção pessoal.

Nessa ordem de ideias, é possível relacionar como parte do conceito de instrumentalidade da atividade normativa aquilo que Wintgens[92] compreende como "ponto de vista hermenêutico do legislador", contexto em que a situação hermenêutica do agente normativo se torna parte integrante do processo da racionalidade legislativa.

Sobre tal ponto, Santos[93] acrescenta que a cognição normativa do legislador deveria partir da análise de dados empíricos produzidos por atores relevantes acerca do problema a ser tratado, dos discursos jurídico-administrativos já sedimentados sobre o tema, assim como pelas demandas apresentadas por grupos de interesses ou pelos sujeitos diretamente envolvidos na política a ser discutida.

Nesses termos, reconhece a autora que, ao adotar o ponto de vista hermenêutico como perspectiva da atividade legislativa, outras formas de validade de cunho axiológico e relacionadas ao contexto histórico-social "são conectadas ao elemento cognitivo que compõe o ponto de vista do legislador – elemento compartilhado com o ponto de vista externo – e ampliam sua visão sobre o sistema jurídico e a realidade".[94]

Para Wintgens,[95] o processo de legitimação das normas tampouco se encerra com o cumprimento das regras formais e procedimentais a regularem a atividade normativa. O ponto de vista hermenêutico do legislador é capaz de considerar elementos da realidade que antecedem a dinâmica legislativa, de maneira construir, por meio de processos interpretativos, novos sentidos normativos que possam integrar o conteúdo dos instrumentos em elaboração.

Em síntese, o ponto de vista hermenêutico é uma forma teórica de reconhecimento da influência da realidade do agente normativo[96] sobre

---

[92] WINTGENS, Luc J. To Follow a Rule as a Legislation – Some Observations from a Legisprudential Perspective. *In: Rechtstheorie*. Berlim: Duncker & Humblot, 30 (1999), p. 11-46.

[93] SANTOS, Letícia Camilo dos. *Análise da decisão judicial no quadro da Legisprudência*: o diálogo das fontes do direito. Dissertação de Mestrado. UFMG, Belo Horizonte, 2011.

[94] SANTOS, Letícia Camilo dos. *Análise da decisão judicial no quadro da Legisprudência*: o diálogo das fontes do direito. Dissertação de Mestrado. UFMG, Belo Horizonte, 2011, p. 110.

[95] WINTGENS, Luc J. To Follow a Rule as a Legislation – Some Observations from a Legisprudential Perspective. *In: Rechtstheorie*. Berlim: Duncker & Humblot, 30, p. 11-46, 1999.

[96] "My thesis is that the legislator is capable of rationality and acts according to 'time, place and circumstances' or in a social context. Following on from this idea, I will qualify

o processo legislativo, cuja possibilidade de interação com elementos externos aumenta a potencialidade de uma dinâmica normativa efetiva.

Esse caráter dialógico e circular da relação hermenêutica a partir do contexto do legislador parece colocar a concepção legisprudencial, juntamente à Metódica Legislativa, em um plano de análise a exteriorizar possíveis pontos de confluência com outras teorias filosóficas do constitucionalismo contemporâneo.

É que as perspectivas teóricas adotadas por este trabalho, apesar de se mostrarem tradicionalmente como correntes que se fundamentam em raízes filosófico-pragmáticas, sinalizam apresentar certa aderência ao processo de transição de uma hermenêutica pautada por referenciais da Filosofia da Consciência para uma hermenêutica voltada à análise do próprio "ser hermenêutico", questão essa de preocupação da Filosofia da Linguagem.

Como porta-voz dessa construção teórica no campo jurídico, Gadamer[97] permite a análise da "compreensão" como elemento responsável pelo acontecer do fenômeno hermenêutico, sendo possível, a partir desse conceito, a análise dos reflexos dessa perspectiva hermenêutica no campo do Direito Constitucional contemporâneo.

O processo de compreensão se dá, segundo o autor alemão, por meio daquilo que ele denomina de "círculo hermenêutico", dinâmica essa que se exterioriza por um enlace dialético entre a consciência histórica do intérprete – representada por um conjunto de preconceitos trazidos pela tradição em que está inserido – e a abertura interpretativa permitida pelo objeto a partir de seu mundo particular.[98]

O círculo hermenêutico da maneira como concebido por Gadamer[99] ocorre, portanto, quando o sujeito, que visa a interpretação de um objeto, se utiliza das suas pré-compreensões para participar da construção do sentido daquilo que busca interpretar, de maneira que no desenrolar do processo hermenêutico o objeto interpretado possa modificar a compreensão do sujeito.

---

rationality as 'bounded rationality'. The combination of the two lines of argument will be helpful in further elaborating the contours of a legisprudential theory of law as a theory of rational law making" (WINTGENS, 2013, p. 8).

[97] GADAMER, Hans-Georg. *Verdade e método*: traços fundamentais de uma hermenêutica filosófica. 2. ed. Petrópolis: Vozes, 1998.

[98] PEREIRA, Rodolfo Viana. *Hermenêutica Filosófica e Constitucional*. 1. ed. Belo Horizonte: Del Rey, 2001, p. 35.

[99] GADAMER, Hans-Georg. *Verdade e método*: traços fundamentais de uma hermenêutica filosófica. 2. ed. Petrópolis: Vozes, 1998.

Essa circularidade da compreensão é percebida pela existência de um horizonte interpretativo distinto do intérprete, admitindo-se, outrossim, um horizonte que advém daquilo que se pretende compreender. Nesse sentido, o objeto a ser compreendido a partir dessa "fusão de horizontes" ganha novas representações de sentido, cuja abertura para novas interações hermenêuticas passa a compor aquilo que Gadamer chama de tradição.[100]

É possível observar, portanto, a possibilidade de um espaço de conexão entre os conceitos de "ponto de vista hermenêutico do legislador"[101] e "círculo hermenêutico",[102] cujo conteúdo compõe a base teórica da ideia de compreensão.

Em um primeiro ponto, nota-se que ambos partem da ideia de que existe uma realidade *a priori* na qual o sujeito está inserido e que se mostra capaz de influenciar de forma determinante o processo hermenêutico. Em um segundo ponto, tanto a concepção de liberdade de Wintgens,[103] calcada na liberdade moral do sujeito, como a ideia de compreensão em Gadamer,[104] como parte integrante do horizonte hermenêutico do intérprete, permitem a construção de uma abordagem jurídica sob as bases de uma Constituição compromissória a consagrar a cooriginariedade entre Direito e moral.

Diante dessas considerações, parece ter sentido a resposta afirmativa de Streck[105] sobre a possibilidade de uma certa aproximação, desde que consideradas algumas condições, entre o pragmatismo jurídico, movimento do qual a Legística estaria inserida, e a Crítica Hermenêutica do Direito, construção partidária do Constitucionalismo Filosófico Contemporâneo.

---

[100] GADAMER, Hans-Georg. *Verdade e método*: traços fundamentais de uma hermenêutica filosófica. 2. ed. Petrópolis: Vozes, 1998, p. 457.

[101] WINTGENS, Luc J. To Follow a Rule as a Legislation – Some Observations from a Legisprudential Perspective. *In*: Rechtstheorie. Berlim: Duncker & Humblot, 30, p. 11-46, 1999.

[102] GADAMER, Hans-Georg. *Verdade e método*: traços fundamentais de uma hermenêutica filosófica, 2. ed. Petrópolis: Vozes, 1998.

[103] WINTGENS, Luc J. *Legisprudence*: Practical Reason in Legislation. Farnham: Ashgate, 2012.

[104] GADAMER, Hans-Georg. *Verdade e método*: traços fundamentais de uma hermenêutica filosófica. 2. ed. Petrópolis: Vozes, 1998.

[105] "... desde que nos situuemos no contexto de experiência com o mundo. Assim todo o conhecer também se mostrará limitado à finitude, à historicidade e à contingência. Logo, afastam-se as concepções absolutas e os critérios últimos, abrindo espaço para um pensar acerca das práticas intersubjetivas que possibilitam a compreensão do mundo, sem cair num relativismo, num objetivismo ou num subjetivismo moderno" (STRECK, 2017, p. 226).

Nesse sentido, como a Legisprudência e a Legística Material possuem a pretensão de construir uma teoria normativa da legislação, os seus pressupostos metodológicos não podem ser interpretados como simples ferramentas a auxiliarem o legislador na tarefa de mensuração do grau de aplicabilidade da atividade normativa. Se analisadas dessa forma, tais perspectivas seriam compreendidas como meras abordagens consequencialistas, de pretensões ingênuas e idealistas, desconectadas da realidade que se busca transformar.

Necessário, portanto, o reconhecimento da necessidade de adequação dos seus fundamentos à realidade legislativa brasileira, sobretudo por se tratar o Brasil de um país cuja modernidade é considerada tardia,[106] em que a Constituição, de acordo com as palavras de Streck,[107] orienta o Direito e aponta as linhas de atuação para a política através de seu aspecto compromissório e dirigente.

1.4.2 O eixo da legitimidade democrática

Ao incorporar no processo legislativo o dever jurídico de justificação quanto às concepções sobre a liberdade, a Legisprudência e a Legística Material passam a compreender tal condição como aspecto inerente da atividade legislativa, manifestando a importância de seu caráter deliberativo para a incorporação dos interesses sociais e dos discursos da pluralidade.

Nesse sentido, se por um lado o processo de racionalização da atividade normativa se revela pelo aspecto instrumental da sua dinâmica interna, por outro a problemática da legitimidade no processo de criação de normas representa a relação existente entre um fenômeno da realidade capaz de justificar a criação de uma norma jurídica e a maneira pela qual a dinâmica processual legislativa é idealizada para a criação de um ato normativo que seja efetivo na concretização de direitos.

---

[106] Adotando a referida terminologia, Streck afirma que, em países como o Brasil, "parte considerável dos direitos fundamental-sociais continua incumprida, passadas mais de duas décadas da promulgação da Constituição" (STRECK, 2011, p. 83). Em raciocínio análogo, Neves (2018) parte da ideia de modernidade periférica a partir da afirmação de que a sociedade moderna é marcada pelo assolamento de uma onda de desigualdades econômicas provocadas pela globalização, sobretudo a realidade brasileira, que ainda não experimentou uma adequada diferenciação funcional ou generalizada da cidadania.

[107] STRECK, Lenio Luiz. *Verdade e Consenso*: Constituição, hermenêutica e teorias discursivas. 4. ed. São Paulo: Saraiva, 2011, p. 74.

Por esse raciocínio, tem-se que os conflitos sociais justificam a criação de regras jurídicas e o agente legislativo, como sujeito que está inserido em um processo de constante comunicação com a sociedade, possui a missão de identificar esses pontos de dissidência, de modo a possibilitar uma dinâmica legislativa que reconheça os interesses de uma sociedade plural e heterogênea.

Wintgens[108] destaca, nessa ordem de ideias, que "os conflitos revelam significado, e assim revelam a existência de regras", sendo o conflito "qualquer forma de interação onde não há, pelo menos ainda, qualquer entendimento mútuo". Por conseguinte, tanto os conflitos a dar origem às regras quanto os significados jurídicos normativos a dar respostas a esses conflitos estão relacionados aos atores sociais envolvidos pela própria situação conflitiva.

Finalmente, quatro consequências são apresentadas pelo autor quanto a essa questão: I) os conflitos não são necessariamente conflitos sobre o significado das regras legais e nem é necessário supor que apenas regras legais possam resolvê-los; II) as regras são incorporadas em uma prática social, das quais os sujeitos participam; III) as regras são criadas ao longo da interação em um contexto social, de maneira que qualquer representação significativa deve decorrer de uma prática social; e IV) a interação no estado da natureza, isto é, na ausência de quaisquer regras do soberano, é possível e conflituosa, devendo ser considerada no processo de produção normativa.[109]

Estabelecidas tais premissas, um importante aspecto a complementar a análise da dinâmica dos conflitos no processo legislativo passa pela reflexão dos princípios da participação popular e do contraditório, com o objetivo de compor o discurso de justificação/aplicação da alternativa legislativa construída.

Segundo Soares,[110] o processo de racionalização da norma reconhece a participação popular como aspecto vital para a materialização do princípio do contraditório na atividade legislativa, fazendo-se necessário o reconhecimento da mesma posição de destaque com a qual é identificada nos processos judiciais e processos administrativos.

---

[108] WINTGENS, Luc J. *Legisprudence*: Practical Reason in Legislation. Farnham: Ashgate, 2012, p. 88.

[109] WINTGENS, Luc J. *Legisprudence*: Practical Reason in Legislation. Farnham: Ashgate, 2012, p. 88.

[110] SOARES, Fabiana Menezes. *Produção do direito e conhecimento da lei a luz da participação popular e sob o impacto da tecnologia da informação*. Tese de doutorado. UFMF, Belo Horizonte, 2002, p. 03-09.

Assim, uma construção social e dialógica da norma permite, a partir desse contexto, variadas e renovadas interferências na formação do sentido normativo e no juízo de justificação das decisões legislativas, garantindo uma produção legislativa na qual haja condições efetivas para a sua ocorrência.

Soares[111] e Caupers[112] argumentam que os referidos princípios se mostram comprometidos com os propósitos do Estado Democrático de Direito e com o projeto constitucional de concretização dos direitos fundamentais, tornando a atividade legislativa mais efetiva e responsiva aos conflitos sociais, na medida em que asseguram a possibilidade de influência dos próprios envolvidos quanto ao direcionamento da atividade normativa.

Faz-se necessária, nesse sentido, a concepção de um modelo institucional normativo mediado pelo constante diálogo com a sociedade, a possibilitar um espaço de comunicação em que as deliberações normativas justifiquem a alternativa legal mais adequada e assegurem, na maior medida possível, os interesses dos grupos sociais envolvidos.

Outro ponto a possibilitar uma reflexão ainda mais refinada sobre o papel dos conflitos sociais e da participação popular como formas de expressão da legitimidade democrática no processo legislativo passa pelo reconhecimento da relevância do trabalho publicado por Santos e Soares[113] como possibilidade de esclarecimento da dinâmica estabelecida entre o dissenso perceptível nas relações sociais e a atividade legislativa.

Baseado nas formulações teóricas desenvolvidas por Chantal Mouffe,[114] o estudo da autora considera a hipótese de que a incorporação institucional do conflito no processo legislativo, muito mais que a incessante busca pelo consenso, pode contribuir para uma deliberação de fato efetiva, aproximando-se da materialização dos ideais da soberania popular.

Nesse sentido, defendem a ideia de um pluralismo agonístico, em que os atores coletivos se percebem politicamente constituídos

---

[111] SOARES, Fabiana de Menezes. Legística e Desenvolvimento: a qualidade da lei no quadro da otimização de uma melhor legislação. *Revista da Faculdade de Direito da UFMG*, n. 50, p. 131, jan./jul. 2007.

[112] CAUPERS, João. Relatório sobre o programa, conteúdo e métodos de uma disciplina de Metódica da Legislação. *Legislação: Cadernos de Ciência da Legislação*, Oeiras, n. 35, p. 36, out./dez. 2003.

[113] SOARES, Fabiana de Menezes; SANTOS, Flávia Pessoa. A incorporação do dissenso no processo legislativo e seu papel na justificação da lei: condições para a *advocacy* parlamentar. *Estudos em legística*. Tribo da ilha, 2019, p. 238-286.

[114] MOUFFE, Chantal. Pensando a democracia com, e contra, Carl Schmitt. *Cadernos da Escola do Legislativo*, v. 2, p. 91-107, jul./dez. 1994.

por meio dos conflitos e dos antagonismos decorrentes do pluralismo de ideias e de valores constituidores de uma sociedade heterogênea. Concluem, assim, que o processo normativo deve buscar incorporar muito mais o conflito do que o consenso, que nem sempre é obtido por meio de deliberação democrática.[115]

Por essa perspectiva, o processo de positivação do Direito deve refletir a complexidade e a pluralidade social, estando aberto aos conflitos decorrentes das disputas entre múltiplas preferências e constituindo-se em um cenário real das lutas democráticas, que se vale de um espaço público inclusivo, dialógico, conflituoso e receptivo às paixões próprias do exercício político.

Em um ponto de centralidade do referido estudo, as autoras lançam mão da ideia de pluralidade agonística como crítica ao racionalismo das teorias deliberativas, que, calcadas em um procedimentalismo de natureza discursiva, possuem como principal objetivo a formação de consensos sociais por meio da razão.[116]

A corroborar essa linha de raciocínio, é possível dizer que Streck,[117] de certo modo, sustenta o referido argumento ao afirmar que o problema fundamental das teorias processual-procedimentais reside no fato de procurarem colocar no procedimento um modelo ideal de operar a democracia, a partir de uma universalização aplicativa.

Ocorre que o referido autor, muito embora se mostre alinhado ao raciocínio das autoras, se baseia na perspectiva teórica do constitucionalismo contemporâneo para destacar a corrente substancialista como proposta conceitual adequada a questionar os modelos deliberativos consensuais de democracia. Nesses termos, tal perspectiva concebe a Constituição como espaço de construção de valores e princípios considerados como relevantes para a sociedade, a consagrar direitos fundamentais e sociais, reconhecendo no Judiciário o papel de um agente contramajoritário e garantidor desses valores e princípios constitucionalmente reconhecidos.

---

[115] SOARES, Fabiana de Menezes; SANTOS, Flávia Pessoa. A incorporação do dissenso no processo legislativo e seu papel na justificação da lei: condições para a *advocacy* parlamentar. *Estudos em legística*. Tribo da ilha, 2019, p. 239.

[116] Nesse ponto, as autoras criticam o modelo de democracia discursiva de Habermas (1997), por buscar um modelo de procedimentalismo que fundamenta a adesão à democracia liberal com um tipo de consenso racional que fecharia as portas para a possibilidade de contestação (SOARES; SANTOS, p. 242).

[117] STRECK, Lenio Luiz. *Verdade e Consenso*: Constituição, hermenêutica e teorias discursivas. 4. ed. São Paulo: Saraiva, 2011, p. 81.

Assim, Streck[118] se vale dessa perspectiva justamente para contrapor os modelos deliberativos que não compreendem a Constituição como proposta suficientemente compromissória capaz de conceber, por meio de uma atividade dirigente, valores materiais cuja carga normativa estabeleça uma relação de vínculo com os seus cidadãos. Tais modelos atribuem ao texto constitucional um papel de caráter reducionista, limitando-o a reservar aos procedimentos instituídos a garantia das decisões que terão aceitabilidade, bem como a reconhecer a jurisdição constitucional como um simples instrumento de garantia da autonomia do cidadão para a construção dos seus próprios valores.

Sem qualquer pretensão deste estudo no sentido de criar um debate de maiores proporções entre as concepções democráticas apontadas, que notadamente possuem matrizes teóricas diferentes, interessa ressaltar, aqui, que o modelo agonístico de democracia, ao propor uma nova leitura procedimentalista do Direito, não parece desconsiderar, em sua matriz teórica, as premissas teóricas democrático-substancialistas mencionadas.

Nesse sentido, afirmam Soares e Santos [119] que o processo de produção da lei, no contexto da democracia agonística, constitui importante instrumento de materialização dos valores constitucionais, sobretudo os de proteção aos direitos humanos e os de realização de justiça social, não podendo, portanto, prescindir da implementação de arranjos institucionais que lidem devidamente com a complexidade das temáticas constitucionais e dos conflitos sociais.

Em linha de raciocínio semelhante, a perspectiva democrática de Shim[120] também considera a incorporação dos conflitos como forma sustentável de alinhar o procedimentalismo com o substancialismo constitucional, constatando ser possível uma postura que compreenda as divergências políticas como parte do processo de reconhecimento dos valores sociais, sendo o consenso inatingível e desinteressante ao processo democrático.

Substância e procedimento são, em sua compreensão de democracia, complementares e indissociáveis, sendo ambos considerados

---

[118] STRECK, Lenio Luiz. *Verdade e Consenso*: Constituição, hermenêutica e teorias discursivas. 4. ed. São Paulo: Saraiva, 2011.
[119] SOARES, Fabiana de Menezes; SANTOS, Flávia Pessoa. A incorporação do dissenso no processo legislativo e seu papel na justificação da lei: condições para a *advocacy* parlamentar. *Estudos em legística*. Tribo da ilha, 2019, p. 261.
[120] SHIM, Wooin. Disagreement and proceduralism in the perspective of legisprudence. *In*: WINTGENS, Luc J.; OLIVER-LALANA, A. Daniel (ed.). *The rationality and justification of legislation*: essays in legisprudence. New York: Springer, 2013. p. 125-133.

fundamentais para a atividade legislativa.[121] De acordo com o autor, a ideia de um procedimentalismo que respeita as divergências sociais, sem negar valores democráticos preestabelecidos, se mostra, por conseguinte, mais propensa a adotar uma postura responsiva aos conflitos sociais.[122]

Diante das considerações expostas, uma concepção de racionalidade legislativa representada, portanto, por uma perspectiva procedimental que consiga conjugar, de forma crítica, os preceitos procedimentalistas e substancialistas de democracia torna-se pauta para a alteração das estruturas sociais, revelando a possibilidade de uma atuação parlamentar efetiva e democraticamente legítima, em sintonia com o dever constitucional de incorporação de conflitos antes ignorados pelos legisladores.

---

[121] "Disagreement-respecting proceduralism denies the concept of the tangible pure procedure. Because disagreement-respecting proceduralism assumes a sustainable disagreement, both substance and procedure should be considered together, and they cannot be separated" (SHIM, 2013, p. 128).

[122] SHIM, Wooin. Disagreement and proceduralism in the perspective of legisprudence. In: WINTGENS, Luc J.; OLIVER-LALANA, A. Daniel (ed.). *The rationality and justification of legislation*: essays in legisprudence. New York: Springer, 2013. p. 130.

CAPÍTULO 2

RACIONALIDADE LEGISLATIVA E A DIMENSÃO NORMATIVA DAS POLÍTICAS PÚBLICAS

Este capítulo tem como principal objetivo a construção de um plano dialógico entre o conceito de racionalidade legislativa compreendido por este trabalho e os aspectos normativos que compõem as políticas públicas.

A cumprir essa missão, divide-se a presente reflexão em três tópicos. O primeiro, de caráter introdutório, parte da premissa de que um programa de governo devidamente estruturado e orientado a reverter suas ações normativas em políticas públicas de qualidade caminha de forma mais segura no sentido de concretizar os direitos fundamentais constitucionalmente previstos.

O segundo, por sua vez, busca relacionar o conceito de instrumentalidade da atividade normativa[123] com a dimensão normativa das políticas públicas, de maneira a dimensionar novas categorias de análise a partir do estreitamento entre os aspectos da racionalidade legislativa e duas importantes características dessas políticas: o ciclo de políticas públicas e o seu desenho normativo. O resultado dessa interação permite a identificação de variáveis a possibilitar a análise do comportamento do Poder Legislativo quanto ao cumprimento dos critérios de racionalidade desenvolvidos por este estudo.

Por fim, o terceiro trata da necessidade de contextualizar os espaços de deliberação social como modelos de expressão da legitimidade democrática[124] no campo normativo das políticas públicas,

---

[123] Sobre o conceito de instrumentalidade da atividade normativa, ver tópico 1.4.1.
[124] Sobre a legitimidade democrática da ação normativa, ver tópico 1.4.2.

destacando-se a importância da amplitude informacional proporcionada pelos referidos ambientes, bem como a relevância da justificativa legislativa como espaço de comunicação entre legislador e sociedade. Tal reflexão tem como objetivo a delimitação dos conceitos necessários para a investigação da maneira pela qual o Poder Legislativo goianiense se apropria dos espaços de deliberação social no âmbito normativo das políticas públicas.

2.1 A racionalidade legislativa no contexto dos direitos fundamentais

Um dos traços que marcam o constitucionalismo contemporâneo é a ruptura de uma visão de Estado em que o indivíduo se vê compreendido pelo seu caráter funcional e secundário em face da autoridade soberana. De acordo com as considerações de Clève, ao consagrar a dignidade humana e os direitos fundamentais como centro do sistema jurídico, a Constituição brasileira de 1988 encara o desafio de transcender o plano da normatividade, assumindo o papel de empreender esforços a viabilizar a fruição desses direitos no plano da realidade.[125]

Se o ciclo de positivação dos direitos fundamentais não se exaure com o processo de constitucionalização, a ação governamental passa a servir, na maior parte das vezes, como atividade intermediária de sua concretização, surgindo daí necessidade de uma orientação finalística de poder na defesa de um projeto de governo sustentável e equitativo, em que o Estado se apropria de uma estrutura política totalmente voltada para a promoção dos valores e direitos constitucionalmente reconhecidos.

A seguir essa linha de reflexão, a ideia de sustentabilidade da ação estatal se exterioriza pela longa durabilidade das políticas públicas propostas, que devem ser ajustadas à medida que se mostrem incapazes de perseguir com continuidade os seus objetivos gerais.[126]

Isso quer dizer que a criação de uma lei a proteger determinado direito fundamental serve apenas como ponto de partida para a sua

---

[125] CLÈVE, Clèmerson Merlin. A eficácia dos direitos fundamentais sociais. *Revista de Direito Constitucional e Internacional*, v. 54, p. 28-39, 2006.

[126] BARCELLOS, Ana Paula de. *Direitos fundamentais e direito à justificativa*: devido procedimento na elaboração normativa. 3. ed. Belo Horizonte: Fórum, 2020, p. 37.

efetivação.[127] As normas que cuidam de tais direitos e a sua manifestação no mundo dos fatos são, assim, consideradas fenômenos distintos, sendo a simples previsão normativa insuficiente para a realização do correspondente comando constitucional, cujo processo de materialização permanece dependente de uma diversidade de outras normas, programas e sucessivos atos administrativos do poder estatal.

A ação governamental sustentável passa, por esse raciocínio, pela permanente construção de um equilíbrio de fatores. Complementa Barcellos[128] que a pluralidade das demandas jurídico-sociais, as limitações de recursos financeiros, os conflitos políticos e socioeconômicos, as negociações e condições de participação popular, dentre outros elementos, contribuem para a construção de uma realidade política a se conectar diretamente com os conteúdos mínimos previstos pela Constituição.

Nesse sentido, para além da durabilidade de suas ações, tem-se que um governo que busca construir uma agenda de sustentabilidade também se preocupa com a promoção equitativa dos direitos fundamentais, concebendo-se políticas públicas específicas e direcionadas à garantia de direitos por parte daqueles que se enquadram em situação de maior prejuízo social, sobretudo no que diz respeito aos sujeitos que se encontram em situação de extrema pobreza na comunidade.[129]

Em um cenário político em que o Estado se preocupa, de acordo com as considerações expostas, com ações sustentáveis e equitativas a concretizarem direitos fundamentais, a função legislativa não pode ser compreendida como instância formal de programas jurídicos. Ao contrário, tal atividade deve ser concebida como possibilidade de formação de sucessivas decisões materiais, a coordenarem de maneira eficiente uma complexidade de ações governamentais compostas por mecanismos planejados de cooperação e de harmonização.

Dentro desse contexto, as políticas públicas, por representarem a expressão dos direitos fundamentais no plano da realidade, precisam ser investigadas a partir da sua dimensão normativa, aplicando-se os conceitos da racionalidade legislativa aos aspectos que compõem a sua

---

[127] VALLE, Vanice Regina Lírio do. *Políticas Públicas, direitos fundamentais e controle judicial*. 2. ed. Belo Horizonte: Fórum, 2016, p. 71.
[128] BARCELLOS, Ana Paula de. *Direitos fundamentais e direito à justificativa*: devido procedimento na elaboração normativa. 3. ed. Belo Horizonte: Fórum, 2020, p. 39.
[129] BARCELLOS, Ana Paula de. *Direitos fundamentais e direito à justificativa*: devido procedimento na elaboração normativa. 3. ed. Belo Horizonte: Fórum, 2020, p. 42.

normatividade. Trata-se, na esteira do pensamento de Souza e Bucci,[130] da necessidade de criar uma perspectiva de atuação pública a tratar a promoção de direitos fundamentais não apenas como entrega de serviços públicos, mas como construções institucionais que se revelam a partir da instrumentalidade da ação política e pela organização democrática do poder.

Para a construção dessa análise, conta-se com o auxílio dos eixos teóricos[131] constituídos pelo capítulo introdutório, que se mostram úteis ao destacarem a Legisprudência e a Legística Material como abordagens relevantes para o reconhecimento da racionalidade do processo legislativo de políticas públicas, bem como por fornecer ao legislador meios de argumentação consistentes a auxiliá-lo na justificação da estratégia normativa escolhida.

2.2 Instrumentalidade da atividade legislativa e a normatividade das políticas públicas

2.2.1 A normatividade como instrumento da ação governamental

Para tratar da dimensão normativa das políticas públicas, faz-se necessária a compreensão do papel do Direito sobre a dinâmica de seu funcionamento. Bucci e Coutinho afirmam, nesse sentido, que o direito pode exercer ao menos quatro papéis determinantes sobre essas políticas: a) "direito como objetivo": situa a decisão política no ordenamento e determina os objetivos a serem perseguidos; b) "direito como caixa de ferramentas": definição dos meios jurídicos adequados à consecução das finalidades; c) "direito como vocalizador de demandas": manutenção de canais de participação social, *accountability* e legitimação democrática e d) "direito como arranjo institucional": definição de competências

---

[130] SOUZA, Matheus Silveira; BUCCI, Maria Paula Dallari. O estado da arte da abordagem direito e políticas públicas em âmbito internacional: primeiras aproximações. *Revista Estudos Institucionais*, v. 5, n. 3, p. 851, set./dez. 2019.

[131] Sobre os eixos teóricos da "instrumentalidade da atividade normativa" e da "legitimidade democrática", ler tópico 1.4.

e atores a comporem os desenhos institucionais que estruturam a execução da política.[132]

Pela teoria jurídica estruturada por Bucci, que tem como fio condutor a relação entre o poder público, a política pública e o Direito, sistematiza-se a atividade normativa das políticas em três planos distintos: a) macroinstitucional, a estrutura política, que compreende o governo propriamente, ou seja, a perspectiva da *"politics"*; b) mesoinstitucional, plano intermediário que abrange os arranjos institucionais, e o plano c) microinstitucional, voltado para a ação governamental como unidade atomizada de atuação do governo.[133]

Como a exteriorização de uma política é extremamente complexa e variável, a noção de arranjo institucional destacada pelos autores parece constituir uma categoria de expressão jurídico-normativa a bem definir o caráter dessa complexidade de ações. Isso significa que a convivência entre vários elementos, normas, órgãos, valores e atos internos orientados à implementação de uma variedade de ações estatais são fundamentais para investigar as políticas públicas.

O arranjo institucional de uma política compreende, portanto, o seu marco geral de ação, incluindo uma "norma instituidora" da qual conste o quadro geral de organização da atuação do Poder Público, com a caracterização das autoridades competentes, as decisões previstas para a concretização da política, além da regulação geral das condutas dos agentes privados envolvidos, sejam os protagonistas da política quanto os seus destinatários ou pessoas e entes por ela afetados.[134]

Por representar, assim, um conjunto de atos e normas que compõem o programa de ação governamental, a escolha dos caminhos e arranjos considerados para a concretização da decisão política não pode ser feita de forma aleatória, mas sim a partir daquilo que Bucci e Coutinho[135] chamam de um esforço intencional e consciente pelo qual normas, processos, atores e instituições jurídicas desempenham um

---

[132] BUCCI, Maria Paula Dallari; COUTINHO, Diogo R. Arranjos jurídico-institucionais da política de inovação tecnológica: uma análise baseada na abordagem de direito e políticas públicas. *In:* COUTINHO, Diogo R.; FOSS, Maria Carolina; MOUALLEM, Pedro Salomon B. (org.). *Inovação no Brasil*: avanços e desafios jurídicos e institucionais. São Paulo: Blucher, p. 317.

[133] BUCCI, Maria Paula Dallari. *Fundamentos para uma teoria jurídica das políticas públicas*. São Paulo: Saraiva, 2013, p. 26.

[134] BUCCI, Maria Paula Dallari. *Fundamentos para uma teoria jurídica das políticas públicas*. São Paulo: Saraiva, 2013, p. 155.

[135] BUCCI, Maria Paula Dallari; COUTINHO, Diogo R. Arranjos jurídico-institucionais da política de inovação tecnológica: uma análise baseada na abordagem de direito e políticas públicas. *In:* COUTINHO, Diogo R.; FOSS, Maria Carolina; MOUALLEM, Pedro Salomon

papel mais relevante que aquele que aparentemente exercem, inclusive aos olhos dos próprios juristas.

Mais uma vez, é por estarem ligadas a esse contexto de racionalidade que as perspectivas legisprudencial e metódica se mostram adequadas a auxiliarem a tomada de decisão legislativa dentro do processo normativo das políticas públicas.

Seja por estar submetido ao aspecto finalístico das ditas "normas finalizáveis",[136] seja por servir de palco dessa intensa dinâmica normativa dos "arranjos institucionais",[137] o aspecto legislativo com o objetivo de garantir a motricidade dessas políticas deve apresentar clara conexão com a realidade, além de se mostrar precedido de justificativa racional voltada a exteriorizar juridicamente as escolhas legislativas adotadas.

Verificando-se, portanto, a existência de uma zona de confluência formada pelas premissas teóricas das referidas abordagens racionalistas (Legisprudência e Legística Material) e pelos aspectos normativos das políticas públicas aqui levantados, surge o compromisso de materialização do ciclo constitucional de positivação dos direitos fundamentais.

Com o desígnio de contribuir com essa questão, os tópicos seguintes buscam aprofundar o estudo dessa relação a partir de dois fenômenos: a) o ciclo de formação das políticas públicas e b) a formação das estratégias de desenho legislativo para a construção das políticas públicas.

2.2.2 Atividade normativa e o ciclo de políticas públicas

O estudo da legislação como principal objeto da ação administrativa a promover direitos fundamentais requer, em um primeiro momento, a análise do modo de funcionamento das políticas públicas,

---

B. (org.). *Inovação no Brasil*: avanços e desafios jurídicos e institucionais. São Paulo: Blucher, 2017. p. 316-317.

[136] Delley (2004, p. 103) se refere a normas finalizáveis como aquelas estruturas normativas que visam transformar profundamente uma realidade social, articulando-se os seus objetivos aos meios disponíveis. Esclarece Delley que o termo é extraído do pensamento de Niklas Luhmann, no sentido de atribuir contornos jurídicos a políticas públicas de execução cronologicamente verificável, portanto, num certo sentido, finalizáveis, com início, meio e fim na realização dos objetivos a que se dirigem.

[137] BUCCI, Maria Paula Dallari; COUTINHO, Diogo R. Arranjos jurídico-institucionais da política de inovação tecnológica: uma análise baseada na abordagem de direito e políticas públicas. *In*: COUTINHO, Diogo R.; FOSS, Maria Carolina; MOUALLEM, Pedro Salomon B. (org.). *Inovação no Brasil*: avanços e desafios jurídicos e institucionais. São Paulo: Blucher, 2017.

compreendido, na visão de Secchi,[138] como ações coordenadas, organizadas por diretrizes e programas, que visam resolver problemas públicos e que podem ser realizadas por atores públicos ou privados.

As etapas constituidoras dessa dinâmica apresentam uma dimensão cíclica e de caráter pedagógico, cujas fases inter-relacionadas se encontram catalogadas da seguinte maneira: a) reconhecimento e identificação do problema; b) definição da agenda; c) formulação; d) tomada de decisão; e) implementação; e f) monitoramento e avaliação.

De acordo com Salinas,[139] a atividade normativa estaria situada entre a fase de tomada de decisão e implementação, exercendo o papel de consubstanciar as escolhas oficiais sobre as políticas públicas e os programas governamentais. Em sentido mais abrangente, Coutinho[140] esclarece que o Direito permeia intensamente as políticas públicas em todas as suas fases ou ciclos: na identificação do problema, na definição da agenda para aplicá-lo, na implementação das ações e na análise e avaliação dos programas.

Ainda que a formulação do ato normativo ocorra, na maior parte das vezes, durante o momento transitório pela primeira autora apontado, as perspectivas teóricas da racionalidade legislativa parecem se orientar para a existência de uma influência da atividade legislativa sobre todo o ciclo de políticas públicas.

Desse modo, uma reflexão acerca de cada uma das etapas descritas torna possível a aferição da intensidade dessa zona de convergência,[141] sendo necessária a investigação das condições pelas quais o legislador, a partir das perspectivas metódica e legisprudencial, se vê obrigado a justificar racionalmente a sua atuação em cada estágio dessa dinâmica.

Como primeira etapa indicada, o reconhecimento do problema exige especial atenção do agente normativo. Ao direcionar a atenção dos formuladores de política para uma questão relevante da sociedade,

---

[138] SECCHI, Leonardo. *Análise de políticas públicas*: diagnóstico de problemas, recomendação de soluções. São Paulo: Cengage, 2017.

[139] SALINAS, Natasha Schmitt Caccia. Avaliação legislativa no Brasil: apontamentos para uma nova agenda de pesquisa sobre o modo de produção das leis. *Revista Brasileira de Políticas Públicas*, Brasília, vol. 3, n. 2, p. 18, jul./dez. 2013.

[140] COUTINHO, Diogo R. O direito nas políticas públicas. In: MARQUES, Eduardo; PIMENTA DE FARIA; Carlos Aurélio (org.). *A política pública como campo multidisciplinar*. São Paulo: Editora Unesp; Rio de Janeiro: Editora Fiocruz, 2013, p. 181-200.

[141] Em interessante reflexão, Jorge (2018, p. 101) admite que, apesar da multiplicidade de perspectivas analíticas, a Legística é a que mais converge com a abordagem de Direito e políticas públicas, uma vez que esta possui um enfoque funcional a partir da identificação das deformidades da lei, possibilitando a proposição de modelos e critérios destinados à eliminação dos vícios e à prevenção dos defeitos futuros.

questiona-se, na esteira do pensamento de Salinas,[142] se a situação problemática verificada merece de fato o recebimento de uma conduta por parte do governo.

Essa compreensão parece revelar, assim, clara conexão com a primeira etapa do modelo legislativo metódico,[143] bem como com o princípio da alternatividade,[144] [145] situação em que o legislador percebe os discursos de pluralidade, identifica os grupos sociais em conflito e constrói a sua argumentação com base nas evidências coletadas, com o fim de justificar a criação de um instrumento normativo instituidor de uma política.

De igual forma, os deveres atribuídos ao legislador quanto à identificação de fatos relevantes e quanto à formulação do problema também parecem guardar importante relação com esse estágio do ciclo político. Através deles o processo legislativo se inicia pela discussão da maneira em que os fatos sociais podem ser levantados, sendo consideradas as experiências obtidas pelos sujeitos diretamente envolvidos como parte da tarefa de delimitação do escopo do problema identificado.

Por fim, De Jorge[146] sinaliza que essa primeira fase das políticas públicas é marcada pelo surgimento do impulso legiferante, em que uma pesquisa interdisciplinar é capaz de estimar os potenciais efeitos sociais e econômicos da intervenção normativa a partir de uma definição clara do problema a ser enfrentado.

A segunda e terceira fases do ciclo das políticas públicas passam pela definição da agenda e formulação da política,[147] [148] situação em que ao problema identificado é conferido um *status* de prioridade, traçando-se propostas que possam representar alternativas capazes de solucionar a questão.

---

[142] SALINAS, Natasha Schmitt Caccia. *Legislação e políticas públicas*: a lei enquanto instrumento da ação governamental. Tese de Doutorado. São Paulo: Universidade de São Paulo, 2012, p. 22.

[143] Sobre a primeira etapa do modelo metódico, ler tópico 1.3.

[144] WINTGENS, Luc J. *Legisprudence*: Practical Reason in Legislation. Farnham: Ashgate, 2012.

[145] Para maior esclarecimento conceitual acerca dos deveres do legislador, ler tópico 1.2.2.

[146] DE JORGE, Ighor Rafael. *A dimensão normativa das políticas públicas*: a política de formação de professores no Brasil. Dissertação de Mestrado. Faculdade de Direito USP, 2018, p. 87.

[147] As segunda e terceira fases das políticas públicas guardam conexão estreita com as segunda e terceira etapas do pensamento metódico.

[148] SALINAS, Natasha Schmitt Caccia. *Legislação e políticas públicas*: a lei enquanto instrumento da ação governamental. Tese de Doutorado. São Paulo: Universidade de São Paulo, 2012, p. 22.

O dever do legislador que indica a necessidade de ponderar as alternativas legislativas é adequadamente aplicável nesse contexto, sendo que a escolha pela legislação justificada, nos termos do princípio da menor densidade normativa, configura-se na preferência da alternativa menos invasiva à liberdade dos sujeitos, em que se ponderam meios de solução de conflitos mais eficazes e menos restritivos.

Para De Jorge,[149] trata-se do momento legislativo em que, no contexto da Legística Material, o estudo da matéria torna o legislador capaz de determinar os objetivos da política e seus cenários alternativos. Aqui, a oitiva de interessados e especialistas em audiências e consultas públicas se revela medida de grande importância para o convencimento da alternativa legislativa a ser considerada como mais adequada, tornando-se tais práticas importantes no sentido de reforçar o caráter democrático do processo legislativo.[150]

Já a terceira etapa do ciclo, a incluir a tomada de decisão e a implementação, passa pela operacionalização do programa político escolhido. Salinas[151] destaca se tratar, nesse sentido, do momento em que os esforços são realizados para a obtenção de apoio governamental suficiente para a concretização de uma proposta eleita como a mais adequada. O convencimento argumentativo em defesa da alternativa implementada reflete o dever de prospecção do legislador destacado por Wintgens,[152] que deve fazer uma correta leitura da situação presente, possibilitando um olhar para os possíveis efeitos da proposta normativa a partir dessa conexão com a realidade.

Os princípios da temporalidade e da coerência,[153] de igual sorte, também se revelam importantes nesse contexto. Com base no primeiro, retira-se o caráter universal da norma jurídica para utilizá-la como instrumento de interpretação da situação presente, elaborando-se hipóteses com altas probabilidades de confirmação. Já o reconhecimento do segundo se dá diante da necessidade de se escolher uma política pública cujo teor normativo seja inteligível e guarde coerência com o complexo de proposições jurídicas relacionadas à política em elaboração.

---

[149] DE JORGE, Ighor Rafael. *A dimensão normativa das políticas públicas*: a política de formação de professores no Brasil. Dissertação de Mestrado. Faculdade de Direito USP, 2018, p. 87.
[150] O aspecto da legitimidade democrática do processo normativo das políticas públicas será aprofundado no subtópico 2.3.
[151] SALINAS, Natasha Schmitt Caccia. *Legislação e políticas públicas*: a lei enquanto instrumento da ação governamental. Tese de Doutorado. São Paulo: Universidade de São Paulo, 2012, p. 22.
[152] WINTGENS, Luc J. *Legisprudence*: Practical Reason in Legislation. Farnham: Ashgate, 2012.
[153] WINTGENS, Luc J. *Legisprudence*: Practical Reason in Legislation. Farnham: Ashgate, 2012.

Ainda quanto à fase da implementação da política pública formulada, tem-se que o seu conteúdo deve ser dirigido aos programas públicos e à burocracia estatal, frequentemente envolvendo cooperação com cidadãos e governos locais.[154] Verifica-se, assim, que essa etapa guarda conexão com o dever de retrospecção do agente normativo, cuja obrigação é a de monitorar as ações que se fundamentam no provimento legislativo aprovado. De Jorge[155] complementa, com base na perspectiva metódica, que este é o momento adequado para o acompanhamento dos indicadores, de maneira a tornar possível verificar se os resultados esperados estão sendo atingidos.

Por fim, a encerrar o ciclo de políticas públicas, a fase de avaliação requer o exame das consequências das ações praticadas, incluindo a análise sobre o nível de satisfação dos resultados apresentados.[156] Na esteira desse raciocínio, Bucci e Coutinho[157] destacam que tal exercício avaliativo se mostra adequado, sobretudo, no campo legislativo das políticas públicas, considerando-se que o conjunto de normas a compor tais políticas se torna mais visível e passível de avaliação em razão de seus traços jurídicos exteriores.

Nesse sentido, o dever de correção do legislador[158] parece demonstrar bastante utilidade com vistas ao apuro das falhas identificadas, sendo gerada a oportunidade de atualização dos arranjos normativos existentes com o intuito de obter resultados mais eficazes e efetivos da política criada. De igual forma, a necessidade de uma avaliação retrospectiva, nos termos propostos pela Legística Material, se revela importante ao permitir uma reanálise dos fundamentos da norma e das discussões promovidas ao longo do processo de elaboração normativa.[159]

---

[154] SALINAS, Natasha Schmitt Caccia. *Legislação e políticas públicas*: a lei enquanto instrumento da ação governamental. Tese de Doutorado. São Paulo: Universidade de São Paulo, 2012, p. 23.

[155] DE JORGE, Ighor Rafael. *A dimensão normativa das políticas públicas*: a política de formação de professores no Brasil. Dissertação de Mestrado. Faculdade de Direito USP, 2018, p. 121.

[156] SALINAS, Natasha Schmitt Caccia. *Legislação e políticas públicas*: a lei enquanto instrumento da ação governamental. Tese de Doutorado. São Paulo: Universidade de São Paulo, 2012, p. 23.

[157] BUCCI, Maria Paula Dallari; COUTINHO, Diogo R. Arranjos jurídico-institucionais da política de inovação tecnológica: uma análise baseada na abordagem de direito e políticas públicas. *In*: COUTINHO, Diogo R.; FOSS, Maria Carolina; MOUALLEM, Pedro Salomon B. (org.). *Inovação no Brasil*: avanços e desafios jurídicos e institucionais. São Paulo: Blucher, 2017, p. 317.

[158] WINTGENS, Luc J. *Legisprudence*: Practical Reason in Legislation. Farnham: Ashgate, 2012.

[159] DE JORGE, Ighor Rafael. *A dimensão normativa das políticas públicas*: a política de formação de professores no Brasil. Dissertação de Mestrado. Faculdade de Direito USP, 2018, p. 121.

Estabelecidos pontos de conexão das premissas teóricas da racionalidade legislativa com as fases do ciclo das políticas públicas, importante considerar que não se pretende, a partir dessa reflexão, empreender uma relação integral e obrigatória entre as políticas e o conceito de racionalidade legislativa. Tampouco se busca, por esse raciocínio analítico, uma posição de centralidade para o papel do agente normativo no transcurso dessa dinâmica. Trata-se, pois, da construção de um posicionamento epistemológico que visa demonstrar que a política pública respaldada por uma estrutura normativa racional se mostra permeada pelo debate jurídico-legislativo a refletir uma conexão maior com a realidade social, exercendo o legislador, nesse processo, um desempenho relevante e proativo em todas as etapas de seu funcionamento.

2.2.3 Processo legislativo e o desenho normativo das políticas públicas

Para além da influência exercida sobre o ciclo de políticas públicas, o reconhecimento da racionalidade legislativa assumido pelas perspectivas legisprudencial e metódica parece revelar algumas implicações quanto à exteriorização da própria dinâmica dessas políticas.[160]

Assim, se por um lado a atividade normativa voltada para a produção de resultados contribui para a materialização da ação proposta, por outro ela pode representar uma situação a limitar (ou não) a discricionariedade do administrador durante a sua fase de implementação.

Nesse sentido, o desenho legislativo regulador de um programa político passa a ser considerado, de acordo com Salinas, elemento-chave para o esclarecimento da variação funcional quanto aos graus de eficácia e efetividade das ações previstas, bem como quanto à intensidade do controle exercido sobre os atos abusivos da Administração.[161]

Para melhor construir, assim, um espaço de convergência entre o formato legislativo das políticas públicas e o conceito de racionalidade

---

[160] DE JORGE, Ighor Rafael. *A dimensão normativa das políticas públicas*: a política de formação de professores no Brasil. Dissertação de Mestrado. Faculdade de Direito USP, 2018, p. 29.
[161] SALINAS, Natasha Schmitt Caccia. *Legislação e políticas públicas*: a lei enquanto instrumento da ação governamental. Tese de Doutorado. São Paulo: Universidade de São Paulo, 2012, p. 64.

legislativa compreendido por este trabalho, merece ser objeto de análise a maneira pela qual as ações políticas têm sido normativamente esboçadas, estimando-se os efeitos esperados de cada estratégia legislativa e examinando-se as expectativas de aumento da qualidade quanto aos âmbitos de sua aplicabilidade e de suas possibilidades de controle.

Ao investigar, sob essas premissas, os elementos normativos que se mostram mais frequentes no desenho legislativo das políticas públicas brasileiras, Salinas[162] sugere como núcleo estrutural típico a seguinte subdivisão: a) princípios e diretrizes da política; b) objetivos da política; c) composição dos órgãos e autoridades envolvidos na implementação de uma determinada política e descrição genérica sobre suas competências e responsabilidades; d) rol de definições, incluindo a caracterização dos atores afetados pela política; e) instrumentos, vaga e genericamente considerados, de controle da ação administrativa; e f) penalidades e responsabilidades pela inobservância dos dispositivos legais.

Evidentemente que o formato apresentado não implica uma disposição estática. A depender da intenção do legislador, esses compartimentos legislativos podem apresentar variadas nuances, que, por sua vez, possibilitam diferentes contornos ao conteúdo da política criada.

Nessa ordem de ideias, a autora esclarece que, se o controle político das ações administrativas se torna uma prioridade da lei, idealiza-se um formato normativo composto por competências procedimentais inteligíveis e específicas, nas tentativas de se desviar de um padrão acentuado de discricionariedade administrativa e de induzir que os gestores fiquem submetidos, sob responsabilidade, às orientações legislativas previamente determinadas.[163]

Caso a preocupação do legislador esteja concentrada, por outro lado, nos resultados substantivos da proposta, evita-se recorrer a conteúdos normativos abertos e indeterminados, por meio dos quais os objetivos previstos e seus mecanismos de implementação se encontrem formulados de modo vago e genérico.

---

[162] SALINAS, Natasha Schmitt Caccia. *Legislação e políticas públicas*: a lei enquanto instrumento da ação governamental. Tese de Doutorado. São Paulo: Universidade de São Paulo, 2012, p. 76.

[163] SALINAS, Natasha Schmitt Caccia. *Legislação e políticas públicas*: a lei enquanto instrumento da ação governamental. Tese de Doutorado. São Paulo: Universidade de São Paulo, 2012, p. 28.

Para o auxílio desse último aspecto, as perspectivas teóricas analisadas por este trabalho parecem se posicionar na função de ressaltar a necessidade de uma atividade legislativa que seja capaz de elaborar desenhos adequados aos objetivos declarados, evitando-se a concepção de estruturas normativas de caráter simbólico[164] e de baixa efetividade.

Na intenção de reforçar, assim, a densidade das normas de políticas públicas, reafirma-se, na esteira do pensamento de Mader,[165] que as abordagens legisprudencial e metódica sugerem a construção de um modelo legislativo que se valha de métodos a embasarem a justificativa decisória do legislador, sendo de extrema importância que os resultados apresentados sejam publicamente examinados e criticados pelos interessados, formando-se um documento de justificação comprometido com a efetividade das ações propostas, com a participação popular e com a democracia em um sentido mais amplo.

Apesar da perceptível relevância dessas práticas para o processo normativo, cuja análise foi, inclusive, desenvolvida de forma exaustiva no capítulo introdutório deste trabalho, quase não se percebe a sua influência sobre a realidade quanto ao modo de elaboração das políticas nacionais. Sem as preocupações de reduzir o grau de discricionariedade do agente administrativo e de projetar desenhos legislativos normativamente mais densos e com regras e *standards* justificadamente direcionados aos seus objetivos, as leis brasileiras costumam se mostrar significativamente genéricas e pouco efetivas, tanto do ponto de vista procedimental quanto do substantivo.[166]

Não sendo a intenção deste capítulo o aprofundamento da análise das possibilidades[167] de atuação legislativa a contribuírem com a melhora desse quadro de insuficiência normativa, mas buscando compreender os motivos pelos quais tais práticas não são implantadas no cenário político brasileiro, entende-se como fatores iniciais a influenciarem esse aspecto deficitário as assimetrias informacional e técnica dos parlamentos brasileiros frente aos Poderes Executivos, que fazem com

---

[164] De acordo com Neves (2011), a legislação simbólica pode assumir ao menos três formas distintas: (I) confirmação de valores sociais; (II) legislação-álibi e (III) fórmula de compromisso dilatório.

[165] MADER, Luzius, Legislação e Jurisprudência. *Cadernos da Escola do Legislativo*, Belo Horizonte, v. 9, p. 197, jan./dez. 2007.

[166] SALINAS, Natasha Schmitt Caccia. *Legislação e políticas públicas*: a lei enquanto instrumento da ação governamental. Tese de Doutorado. São Paulo: Universidade de São Paulo, 2012, p. 32.

[167] O tema será aprofundado no capítulo 4, que trata das modalidades de avaliação legislativa.

que o Poder Legislativo se posicione de forma alheia ao processo de tomada de decisão política.[168]

É que, como as políticas públicas de maior alcance demandam conhecimento científico de alta complexidade, surge daí a necessidade de que o corpo legislativo tenha a capacidade de atenuar essa desigualdade informacional, devendo contar com uma estrutura própria de servidores que possua condições de assegurar o desenvolvimento de metodologias e de ferramentas de uso prático a respaldarem o conteúdo das deliberações parlamentares.[169]

Essa falta de *expertise* dos congressistas e de seus assistentes técnicos não se revela, todavia, como único motivo a explicar a baixa densidade normativa das políticas públicas brasileiras. Nota-se que o Poder Executivo, ainda que dotado de melhor capacidade técnica para legislar, também o faz de forma genérica e frequentemente vaga, seja pelo envio de propostas normativas de pouca qualidade, seja pelo mau uso do poder regulamentar delegado aos quadros da Administração Pública.

Ao ponderar essa questão, Salinas[170] sustenta que, diferentemente dos membros do Poder Legislativo, que não dispõem do acesso às informações pelas quais as políticas públicas se fundamentam, o chefe do Poder Executivo deixa de usar o seu aparato informacional a fim de evitar situações de submissão perante atos normativos complexos e detalhados, que apresentem condições de limitar o seu próprio poder.

Nesses termos, complementa a autora que, em sistemas políticos como o brasileiro, em que o Poder Executivo não encontra maiores resistências parlamentares[171] para a aprovação das suas propostas, o desenho das regras normativas de caráter vago e genérico tende a se reproduzir em um número variado de ocasiões, de maneira a preservar

---

[168] SALINAS, Natasha Schmitt Caccia. *Legislação e políticas públicas*: a lei enquanto instrumento da ação governamental. Tese de Doutorado. São Paulo: Universidade de São Paulo, 2012, p. 39.

[169] SOARES, Fabiana de Menezes; SANTOS, Flávia Pessoa A incorporação do dissenso no processo legislativo e seu papel na justificação da lei: condições para a *advocacy* parlamentar. *Estudos em legística*. Tribo da ilha, 2019, p. 268.

[170] SALINAS, Natasha Schmitt Caccia. *Legislação e políticas públicas*: a lei enquanto instrumento da ação governamental. Tese de Doutorado. São Paulo: Universidade de São Paulo, 2012, p. 43.

[171] Acredita-se que as técnicas defendidas pela Legisprudência possam representar um ponto de resistência parlamentar a elevar o debate sobre as deliberações legislativas cuja iniciativa seja do Poder Executivo.

uma discricionariedade de caráter excessivo no âmbito decisório das políticas públicas.[172]

Por fim, tem-se que a ineficácia do desenho legislativo das políticas brasileiras tem, como último fator de análise, o fato de que profissionais da área jurídica tendem a assumir a função central quanto à elaboração dos aspectos materiais da legislação, exercendo-a a partir de um sentido incapaz de perceber as regras do Direito enquanto instrumento de gestão das ações da Administração.[173]

Nesse sentido, destaca Santos[174] que tais profissionais se valem de uma abordagem do Direito público que não se relaciona com outros campos do conhecimento e que, por sua vez, não se compromete, em razão do seu caráter formal, com a realização de fins sociais, apresentando um descolamento por parte das instituições jurídicas quanto à realidade das políticas públicas por elas propostas.

Diante de tais considerações, uma atuação multidisciplinar sobre o processo legislativo com base nos conceitos desenvolvidos a partir da racionalidade legislativa favoreceria, assim, a construção de um modelo de atuação baseado na geração de informações sobre o contexto da política regulada, evitando-se a adoção de arranjos normativos inefetivos e possibilitando a construção de desenhos articulados a um sistema capaz de monitorar e avaliar as ações propostas.

2.2.4 Instrumentalidade e dimensão normativa: uma dupla dimensão das políticas públicas

Como conclusão da primeira parte deste capítulo, a análise da normatividade das políticas públicas, sob o olhar da instrumentalidade da atividade normativa, constitui uma série de implicações. Uma delas, como visto, se apoia no fato de que o legislador deve pautar a sua ação normativa a partir de premissas jurídico-constitucionais que compõem a realidade na qual ele se insere, buscando atribuir ao ato normativo a

---

[172] SALINAS, Natasha Schmitt Caccia. *Legislação e políticas públicas*: a lei enquanto instrumento da ação governamental. Tese de Doutorado. São Paulo: Universidade de São Paulo, 2012, p. 49.

[173] SALINAS, Natasha Schmitt Caccia. *Legislação e políticas públicas*: a lei enquanto instrumento da ação governamental. Tese de Doutorado. São Paulo: Universidade de São Paulo, 2012, p. 51.

[174] SANTOS, Letícia Camilo dos. *Análise da decisão judicial no quadro da Legisprudência*: o diálogo das fontes do direito. Dissertação de Mestrado. UFMG, Belo Horizonte, 2011, p. 81.

condição de instrumento de intervenção estatal direcionado à promoção sustentável e equitativa dos direitos fundamentais.

Outra questão passa pela preocupação de se construir uma justificativa normativa que consiga exercer influência em todo o ciclo de funcionamento das políticas públicas, baseando-se esta no uso contextualizado e progressivo de evidências, de diagnósticos, de análises de alternativas e de resultados voltados à construção de propostas legislativas racionais, que se materializem em práticas constitucionalmente adequadas e responsivas aos problemas de uma sociedade plural e heterogênea. Sobre esse aspecto, é possível concluir que o grau de qualidade da articulação das ações a compor o desenho político-normativo parece repercutir no nível de permeabilidade da atividade legislativa em cada etapa da política formulada.

Por fim, no campo teórico-epistemológico, importante destacar que a compreensão de uma perspectiva racional da dimensão normativa das políticas públicas torna possível uma releitura dos diálogos já sedimentados pelas teorias do Direito e da política. Nota-se que, ao ser a atividade legislativa estudada, sob os conceitos da Legística Material e da Legisprudência, a partir de uma perspectiva funcional e antipositivista, cria-se uma categoria analítica representada por uma dupla dimensão: a primeira de caráter político-jurídico; a segunda de caráter jurídico-político.

De uma forma mais ampla, quando observado pelas suas múltiplas funções nas etapas do ciclo de políticas públicas, a racionalidade legislativa deixa de considerar o ato normativo como expressão jurídica isolada, passando a relacioná-lo com toda a cadeia constituidora da política adotada. O resultado dessa interação faz com que essa dinâmica, reconhecida até então, predominantemente, pelo seu aspecto político, seja capaz de incorporar maior relevância jurídica ao seu funcionamento.

De outro modo, quando a atividade normativa se traduz, no campo das políticas públicas, por meio da função exercida pelo ato normativo enquanto um feixe de possibilidades a melhor assegurar a promoção de direitos fundamentais, tem-se que as várias circunstâncias políticas sob as quais esse ato se insere muitas vezes determinam o desenho jurídico da proposta escolhida. Nesses termos, as estratégias de poder que influenciam na elaboração do formato normativo complementam o caráter jurídico da estrutura das políticas públicas, motivo pelo qual não devem ser desconsideradas pelo processo de aperfeiçoamento legislativo proporcionado pelas práticas de avaliação.

Diante das reflexões expostas, a justificativa, enquanto foco da atividade legislativa, se revela um importante instrumento de comunicação das instâncias jurídica e política das políticas públicas. Tal interação é fundamental para a concepção de práticas mais efetivas e conectadas com a realidade do cidadão, principal destinatário dos direitos fundamentais, bem como para o fomento e para a qualificação do debate público no âmbito dos espaços democráticos majoritários.

2.3 Legitimidade democrática e processo legislativo das políticas públicas

2.3.1 Os espaços de deliberação social

A construção de uma leitura procedimentalista pelos marcos teóricos introduzidos por este estudo,[175] a situar o conceito de legitimidade democrática como um dos pilares conceituais da racionalidade legislativa, sugere como ponto de reflexão a compreensão dos modos de concepção e de qualificação dos espaços de deliberação social no contexto do processo político-legislativo das políticas públicas.

Assim, tal qual é a importância do estudo da instrumentalidade no contexto da normatividade das políticas, o estudo dos modelos participativos na dinâmica legislativa se revela necessário no sentido de aprimorá-los como entes de materialização dos conceitos de cidadania, de *accountability* pública, de gestão legislativa e de implementação dos direitos sociais.

Trata-se, pois, da tarefa de se reconhecer os méritos do sistema democrático deliberativo, que estariam representados pela sua capacidade de reconhecimento da participação política e social como valor intrínseco do exercício democrático, pelo seu potencial de reconhecimento das habilidades de escuta e de percepção social por parte do agente público, assim como pela preocupação em construir práticas e valores sociais a partir do intercâmbio de uma variedade de experiências, normalmente presentes em uma sociedade plural.[176]

O reconhecimento, portanto, de uma cidadania ativa no contexto do processo legislativo é tarefa importante para a formação de uma

---

[175] Sobre a visão procedimentalista deste trabalho, ver tópico 1.4.
[176] SEN, Amartya. Democracy as a universal value. *Journal of democracy*, v. 10, n. 3, p. 3-17, 1999. Disponível em: https://www.journalofdemocracy.org/articles/democracy-as-a-universal-value/. Acesso em: 27 jul. 2020.

perspectiva racional da dinâmica normativa, sendo esse comprometimento legislativo com a sociedade possível por meio da mediação jurídica dos canais de comunicação de formação da vontade e da opinião políticas.[177]

Justificada, assim, a relevância do tema da legitimidade democrática para o processo normativo de proposição de políticas públicas, importante ressaltar que a composição desse eixo de análise sobre a dinâmica dessas políticas não se traduz somente pela elevação do nível de participação popular direta na tomada de decisão legislativa.

Se as perspectivas teóricas enunciadas pela Legisprudência e pela Legística Material se apropriam de um conceito metodológico da atividade normativa, a criar subsídios para a construção de uma justificativa legislativa racional e baseada em evidências, tem-se que a dimensão participativa nesse contexto surge, em um primeiro plano, como vetor de qualificação das decisões políticas, significando aquilo que Pereira[178] destaca como fenômeno de alargamento das fontes de informação, a produzir decisões melhor fundamentadas e tecnicamente mais coerentes.

Ocorre que, para além de colocar o legislador em uma situação de cognição processual-normativa a perceber o objeto da legislação a partir de um canal aberto e direto com a sociedade, o conceito de racionalidade legislativa também pode partir de uma postura interpretativa sobre dados informacionais já coletados e armazenados sem qualquer influência ou manifestação direta de participação da sociedade.

Nesse sentido, se por um lado a participação social se revela útil na medida em que, em situações específicas, consegue criar condições no sentido de ampliar diretamente as fontes de informação a auxiliar o processo de tomada de decisão legislativa por parte do legislador, por outro, ela se mostra necessária a partir do momento em que esse ato decisório se corporifica em um documento de justificação, a representar, por si próprio, o canal de comunicação entre o agente legislativo e a sociedade.

Tal raciocínio permite concluir que, mais do que fomentar a participação direta da sociedade, o processo legislativo, no âmbito das políticas públicas, deve empreender esforços no sentido de garantir a publicidade do objeto deliberado, resguardando-se aos sujeitos

---

[177] CATTONI, Marcelo. *Devido Processo Legislativo*. 3. ed. Belo Horizonte: Fórum, 2016, p. 84.
[178] PEREIRA, Rodolfo Viana. *Direito constitucional democrático*: controle e participação como elementos fundantes e garantidores da constitucionalidade. 2. ed. Rio de Janeiro: Lumen Juris, 2010, p. 52.

diretamente envolvidos razoável prazo para análise da decisão legislativa publicada.

Diante dessas considerações, a transparência do processo decisório aparece como instrumento de destaque tanto para a formação da justificativa legislativa como para o reconhecimento da legitimidade democrática no processo normativo de políticas públicas. A justificação legislativa cumpriria, assim, o papel de uma espécie de prestação de contas, em que a participação popular se daria a partir do controle social exercido pelos setores da sociedade civil sobre a alternativa legislativa escolhida.[179]

Segundo Keane,[180] esse raciocínio permite o reconhecimento de uma perspectiva ampliada do conceito de democracia, já que os cidadãos passam a incorporar, ao longo da atividade normativa, um constante exercício de monitoramento[181] das ações políticas, tornando possível a correção de rotas equivocadas, além de abrir o debate para a responsabilização dos agentes públicos.

Importante considerar que tal ponto de vista não visa, sob qualquer hipótese, diminuir a importância do caráter deliberativo da participação popular a ampliar e qualificar a voz da sociedade na tomada de decisão do processo legislativo. O que se busca ressaltar é que a concentração das atividades participativas tão somente a partir desse foco se revela demasiado estreita e distante do modo como a política é em geral vivenciada pela maioria das pessoas.[182]

Percebe-se que, na maior parte das vezes, a experiência política dos cidadãos se resume, quando muito, a votações periódicas, eventuais pesquisas de opinião e, raramente, na luta por alguma questão pública específica. Assim, o ponto central se concentra no fato de que grande parte da trajetória política da população, seja na qualidade de eleitor ou não, não se passa, inicialmente, pelo engajamento ou pela tomada direta de decisões, mas pela oitiva qualificada daqueles atores ativamente envolvidos.

---

[179] REYDER, Carina Angélica Brito. *Avaliação de impacto legislativo*: a tradição histórica de justificação das decisões legislativas nos Estados Unidos e as iniciativas incipientes no Brasil. Dissertação de Mestrado. UFMG, Belo Horizonte, 2016, p. 22.

[180] KEANE, John. *Democracy and Media Decadency*. Cambridge: University Press, 2013, p. 77.

[181] Ao traçar o conceito de democracia monitória, o autor sustenta um modelo de cidadania que vai além da existência de eleições livres e justas, na medida em que os cidadãos se colocam na condição de monitores independentes do poder.

[182] GREEN, Jeffrey Edward. *The eyes of the people*: democracy in an age of spectatorship. New York: Oxford University Press, 2010, p. 3.

Nessa ordem de ideias, este estudo compreende a participação social no processo legislativo de políticas públicas pelo redimensionamento dos espaços de deliberação coletiva tradicionalmente relacionados à participação direta do cidadão na tomada de decisão política,[183] destacando-se o aspecto pelo qual a sua condição de espectador qualificado representaria, no contexto normativo das políticas públicas, o primeiro passo para o reconhecimento de um processo democraticamente legítimo.

Entende-se, assim, que os referidos ambientes devem ser utilizados, em um primeiro plano, como meios de tradução, de publicação e de controle do processo de justificação legislativa, podendo ser também utilizados, secundariamente, para consultas específicas e qualificadas dos sujeitos diretamente envolvidos.

Por fim, a complementar a tarefa de readequação dos espaços de deliberação social, considera-se que as ferramentas digitais proporcionadas pela rede mundial de computadores contribuiriam para a qualificação do modelo democrático de deliberação popular, auxiliando no empreendimento, de formas mais eficaz e inclusiva, de processos participativos da sociedade na atividade normativa das políticas públicas.

Isso porque de nada adianta, por um lado, a institucionalização de organismos participativos presenciais, se o que se percebe é a baixa aderência da população e/ou a pouca eficácia quanto à formação coletiva de conteúdo político. De acordo com Keane,[184] o efeito combinado da digitalização dos novos bancos de informação, da politização da vida privada, da publicidade das práticas públicas e do aparecimento de novos públicos virtualmente incluídos representa o incentivo ao aumento da desconfiança das pessoas acerca do poder arbitrário e irresponsável. Assim, dentro de um processo democrático saturado pela comunicação digital, os cidadãos acabam por compreender que eles devem se manter vigilantes sobre os poderes e os seus supostos representantes.

Estabelecidas essas premissas, o ingresso da democracia deliberativa no ambiente digital se mostra capaz de amplificar os canais de deliberação, flexibilizando as dificuldades da espacialidade física,

---

[183] Como exemplos de espaços de deliberação social no campo da atividade normativa das políticas públicas, consideram-se as consultas e audiências públicas realizadas pelo parlamento, as comissões de legislação participativas, etc.

[184] KEANE, John. *Democracy and Media Decadency*. Cambridge: University Press, 2013, p. 93.

aprimorando questões temporais e investindo no armazenamento de dados, informações e extratos discursivos.[185]

O emprego de ferramentas digitais para a deliberação democrática teria o potencial de incrementar a transparência do Estado e as formas de responsabilização dos agentes políticos, de aumentar a influência da esfera pública sobre a decisão política e de promover o aumento da diversidade de agentes, agências e de agendas na esfera pública, ampliando os meios, instrumentos e oportunidades do exercício democrático.[186]

Com a ciência de que os atos praticados em ambiente virtual já há muito tempo deixaram de ser uma tendência para se tornarem práticas rotineiramente aceitas no ambiente da Administração Pública, este trabalho incorpora ao seu objeto de investigação a relevância dos modos de comunicação digital a acompanharem a tarefa de reformulação dos meios de participação social no processo de deliberação legislativa, considerando-se, para tanto, as premissas levantadas acerca do redimensionamento da atividade normativa no âmbito das políticas públicas.

Estabelecidos esses pontos, ao se considerar que este trabalho utiliza como referencial empírico os dados colhidos para análise do funcionamento legislativo da Câmara Municipal de Goiânia, objetiva-se, a partir das reflexões expostas, antecipar a análise de alguns aspectos da dinâmica normativa quanto aos espaços de deliberação social existentes no parlamento goianiense, entendendo-se como oportuno o estudo das informações obtidas para a verificação da verossimilhança das afirmações adiante propostas.

Nesses termos, como hipóteses a serem averiguadas na realidade parlamentar indicada, estima-se que: (H1) o funcionamento das audiências públicas se dê de forma aleatória e desconexa da atividade normativa das políticas públicas, ocorrendo, em maior proporção, em ambiente extraprocessual; (H2) das propostas em geral, o percentual de audiências públicas seja mais elevado nas propostas que regulamentam políticas públicas; (H3) por fomentarem o debate legislativo, quanto maior a utilização de audiências públicas, mais elevada é a proporção de processos com apresentação de emendas parlamentares; (H4) se

---

[185] CAVALLAZZI, Vanessa Wendhausen. *E-democracia deliberativa*. A criação de espaços de deliberação social em rede para implementação de direitos sociais. Salvador: Juspodivm, 2020, p. 53.

[186] GOMES, Wilson. Participação política on-line: questões e hipóteses de trabalho. *In:* MAIA, Rouseley C. M,; GOMES, Wilson; MARQUES, Francisco P. J. A. (org.). *Internet e Participação Política no Brasil*. Porto Alegre: Sulina, 2011, p. 27-30.

considerado todo o período de funcionamento da Comissão de Legislação Participativa (CLP), o número de matérias com participações da referida comissão não chegue a 1% do total das propostas.

Espera-se que a verificação dessas afirmações seja útil para a proposição de melhorias ao processo legislativo dos parlamentos brasileiros, que devem ser compreendidos como espaços de práticas mais democráticas quanto à elaboração de políticas públicas.

2.3.2 Dimensão informacional e participação

Para além do redimensionamento dos espaços de deliberação social, outro relevante aspecto a compor o conceito de legitimidade democrática dentro do contexto legislativo das políticas públicas passa pela compreensão da dimensão informacional que envolve o processo de participação política dos cidadãos e de outras instituições no âmbito do Poder Legislativo.

Parte-se da premissa de que as informações produzidas ou captadas pela instituição parlamentar junto à sociedade e demais entes políticos se tornam um importante insumo para o desenvolvimento das atividades legislativas, servindo de auxílio aos processos de integração e de justificação da ação normativa na condição de resposta político-deliberativa às demandas sociais. Nessa perspectiva, quanto maior a quantidade de informação produzida, via debate e deliberação, melhor se torna a qualidade da decisão tomada.[187]

Esse caráter informacional da decisão legislativa se revela importante não só sob o ponto de vista do conteúdo informativo gerado. De forma complementar, a publicidade das informações passa a ser, sob o ponto de vista normativo e jurídico, pressuposto da atividade deliberativa a cumprir o princípio da transparência no atual contexto constitucional democrático.[188]

Acredita-se, portanto, que o fluxo informacional seja mais bem aproveitado quando os mecanismos de interlocução entre o Legislativo e sociedade, bem como entre o parlamento e demais poderes, se tornam

---

[187] LIMONGI, Fernando. O novo institucionalismo e os Estudos Legislativos: a literatura norte-americana recente. *Boletim Informativo e Bibliográfico de Ciências Sociais*, Rio de Janeiro, n. 37, p. 22, 1994.

[188] RIBEIRO, Guilherme Wagner. *Informação, aprendizagem e inovação nas Câmaras Municipais de Minas Gerais*. Tese de doutorado. PUC Minas, Belo Horizonte, 2010, p. 61.

dinâmicas informativas sistematizadas e de caráter público, tornando-se necessário investigar as diferentes formas e condições de acesso a informações e conhecimentos a partir de uma importante questão: a assimetria informacional.

Questiona-se, pois, quais as reais possibilidades de redução da desigualdade comunicacional presente entre os polos dessa estrutura interlocutiva, relacionando-se tal perspectiva com a elaboração normativa das políticas públicas e dimensionando-se os possíveis efeitos de uma nova realidade legislativa, que considera a informação aspecto-chave para a qualidade das normas produzidas.

Nessa ordem de ideias, como primeiro ponto, não se pode desconsiderar que os atores sociais apresentam capacidades cognitivas diferenciadas para a construção de seus argumentos e para a assimilação das informações consideradas relevantes no processo deliberativo.[189] A desigualdade de condições quanto ao acesso à informação de natureza política entre grupos ou instituições é, assim, característica determinante para o processo decisório da formulação de políticas públicas.

Esse desequilíbrio informacional deve ser analisado sob dois enfoques distintos: o primeiro, de caráter horizontal, quando cidadãos ou grupos sociais se valem de condições técnicas e políticas privilegiadas para influenciar a agenda política; o segundo, quando o Estado utiliza intencionalmente sua própria estrutura para o controle de fontes informativas.[190]

Como forma de compreensão do primeiro enfoque, Maia[191] sugere que os espaços de deliberação social permitem a produção e a troca de informações na medida em que apresentam condições de refletir a realidade política e cultural da sociedade, devendo proporcionar um equacionamento de oportunidades para que a maior parte das manifestações seja ouvida e considerada. Nesse contexto, o grau de amplitude da informação permite que os cidadãos apresentem melhores condições para contribuir com o processo decisório das políticas públicas.

---

[189] PRATA, Nilson Vidal. Informação, democracia e Poder Legislativo: a dimensão informacional do processo de participação política dos cidadãos. *Cadernos da Escola do Legislativo*, Belo Horizonte, v. 11, n. 17, p. 32, jul./dez. 2009.

[190] PRATA, Nilson Vidal. Informação, democracia e Poder Legislativo: a dimensão informacional do processo de participação política dos cidadãos. *Cadernos da Escola do Legislativo*, Belo Horizonte, v. 11, n. 17, p. 32, jul./dez. 2009.

[191] MAIA, Rousiley. Redes cívicas e Internet: do ambiente informativo denso às condições da deliberação pública. *In*: EISENBERG, José; CEPIK, Marco (org.). *Internet e política*: teoria e prática da democracia eletrônica. Belo Horizonte: Ed. UFMG, 2002, p. 51.

Um sistema público de informação inclusivo deveria traduzir para o cidadão, em linguagem mais acessível, a complexidade dos conteúdos técnicos e especializados das políticas públicas submetidas à deliberação. Nota-se que um maior acesso à informação no contexto legislativo certamente apresenta a tendência de diminuir as desigualdades políticas evidenciadas, proporcionando melhores condições de participação social no debate democrático.

Quanto ao segundo enfoque, Prata[192] destaca ser facilmente constatável que a relação entre Estado e cidadãos se caracteriza, *a priori*, por um elevado grau de assimetria informacional a favor do primeiro. Isso favorece o controle unilateral, por parte dos governantes, da decisão pública, já que frente ao poder público os cidadãos dispõem de um reduzido grau informacional, dando margem a um desmedido grau de discricionariedade da Administração.

Importante considerar que, para Santos e Soares,[193] essa assimetria informacional existente entre Estado e sociedade igualmente compõe a estrutura da dinâmica legislativa, pois o legislador muitas vezes lida com conhecimentos especializados que escapam ao interesse e à compreensão do cidadão. Isso não significa, como já dito em outras oportunidades deste trabalho, que o agente normativo pode se eximir da responsabilidade e do dever de manter a população informada acerca da decisão legislativa tomada e das consequências normativas dela decorrentes.

Nesse caso, a insuficiência das informações divulgadas constitui obstáculo para que o cidadão expresse, de forma fundamentada, a sua preferência no processo de escolha de seus representantes políticos, na medida em que não consegue avaliar e tampouco monitorar o desempenho das suas ações político-normativas.

Outro aspecto relevante sobre a questão da assimetria informacional é retratado pela desigualdade na relação interlocutiva entre os Poderes Executivo e Legislativo, na medida em que aquele detém a maior parte da estrutura burocrática do Estado, fato esse que possibilita o controle das informações que decorrem da implementação das políticas públicas, bem como da gestão fiscal e orçamentária. Desse

---

[192] PRATA, Nilson Vidal. Informação, democracia e Poder Legislativo: a dimensão informacional do processo de participação política dos cidadãos. *Cadernos da Escola do Legislativo*, Belo Horizonte, v. 11, n. 17, p. 34, jul./dez. 2009.

[193] SOARES, Fabiana de Menezes; SANTOS, Flávia Pessoa. A incorporação do dissenso no processo legislativo e seu papel na justificação da lei: condições para *advocacy* parlamentar. *Estudos em legística*. Tribo da ilha, 2019.

modo, se é possível afirmar que o parlamento detém mais informações do que grande parte da sociedade,[194] tem-se que ele possui, de outro lado, certo grau de dependência informacional em face do governo e de determinadas instituições especializadas em alguns temas que se busca regular.

A assimetria informacional de caráter institucional se faz importante por duas razões: a) pelo grau de complexidade dessa situação de desigualdade, a ocasionar a abertura do Poder Legislativo para um diálogo entre técnicos que integram a burocracia estatal e cientistas que dominam matérias complexas que serão reguladas; e b) pela possibilidade de agentes políticos desse poder se manterem reféns desses mesmos técnicos, bem como dessas mesmas instituições de pesquisa.[195]

Ao saber que o Poder Executivo apresenta condições privilegiadas para a produção de informações e conhecimentos considerados fundamentais, tanto em razão do volume de agentes envolvidos em suas atividades como por considerar que o processo de implementação das políticas públicas é, em si, gerador de conhecimento, verifica-se a presença, no campo de compreensão dessas políticas, de uma assimetria informacional entre o Poder Executivo e os demais poderes.

Nesses termos, Santos, Mourão e Ribeiro[196] afirmam que, quando o Poder Executivo apresenta determinada proposta normativa ao Poder Legislativo, ele não necessariamente revela todas as informações que a justificam, sendo tarefa do Poder Legislativo trazê-las à tona por meio de mecanismos institucionais próprios. Isso porque, ainda que esse caráter cooperativo não seja uma condição preestabelecida para que a referida interação informacional aconteça, é possível cogitar que ela naturalmente ocorra a partir da atuação de assessorias e consultorias especializadas em ambos os órgãos.

Quanto a esse ponto, importante destacar que o corpo legislativo deve atenuar esse quadro assimétrico que lhe é desfavorável mediante a criação de uma estrutura apropriada capaz de criar metodologias e

---

[194] RIBEIRO, Guilherme Wagner. *Informação, aprendizagem e inovação nas Câmaras Municipais de Minas Gerais*. Tese de doutorado. PUC Minas, Belo Horizonte, 2010, p. 37.

[195] RIBEIRO, Guilherme Wagner. *Informação, aprendizagem e inovação nas Câmaras Municipais de Minas Gerais*. Tese de doutorado. PUC Minas, Belo Horizonte, 2010.

[196] SANTOS, F. P.; MOURÃO, G. H. B.; RIBEIRO, G. W. Poder Legislativo e suas Consultorias Institucionais. *Cad. Escola Legislativo*, Belo Horizonte, v. 9, n. 14, p. 133-152, jan./dez. 2007, p. 37.

ferramentas de uso prático que consigam resguardar as escolhas do legislador.[197]

Como importante exemplo prático dessa dinâmica, o Congresso Nacional brasileiro, em ambas as casas legislativas, se destaca por dispor de consultoria técnico-legislativa composta por inúmeros especialistas de distintas áreas, que por sua vez atendem às solicitações dos parlamentares sobre a elaboração de projetos de lei, informações técnicas, minutas de pareceres e estudos verticalizados. Todavia, essa não é a realidade da grande parte dos parlamentos brasileiros, que, em sua maioria, acaba por terceirizar profissionais para prestar auxílio nas questões mais complexas da dinâmica legislativa, deixando com que o conteúdo informacional produzido nessas práticas se converta em conhecimento acumulado fora do ambiente parlamentar, contribuindo para que esse cenário assimétrico se intensifique.

Na esteira das conclusões de Ribeiro,[198] o Poder Legislativo parece ocupar uma posição estratégica sob o ponto de vista da produção e da circulação do conhecimento, uma vez que, por um lado, detém mais informação que a sociedade, mas por outro, coloca-se em posição de desvantagem frente a determinados setores da sociedade e, especialmente, em relação ao Poder Executivo. A mudança desse cenário depende, como visto, de uma política de gestão da informação e do conhecimento que deve ser adotada de forma propositiva pelo parlamento, seja por meio da criação de uma estrutura burocrática própria com reconhecida expertise, seja por meio de adequada abertura dos espaços de deliberação para os membros da sociedade.

Por fim, importante mencionar que esse contexto informacional assimétrico, para além de prejudicar a participação do Poder Legislativo e da sociedade na produção normativa, parece reduzir as possibilidades de realização de determinadas práticas de *accountability*,[199] já que cabe ao Parlamento controlar a burocracia e ele tem dificuldades de fazê-lo em razão desse contexto de desigualdade.

---

[197] SOARES, Fabiana de Menezes; SANTOS, Flávia Pessoa. A incorporação do dissenso no processo legislativo e seu papel na justificação da lei: condições para a *advocacy* parlamentar. *Estudos em legística*. Tribo da ilha, 2019, p. 261.

[198] RIBEIRO, Guilherme Wagner. *Informação, aprendizagem e inovação nas Câmaras Municipais de Minas Gerais*. Tese de doutorado. PUC Minas, Belo Horizonte, 2010, p. 77.

[199] O'Donnell (1998, p. 40) estabelece uma clara distinção entre o que chama de *accountability* vertical e *accountability* horizontal. Para o autor, a *accountability* vertical refere-se à relação entre os cidadãos e os ocupantes da burocracia estatal. Já a *accountability* horizontal diz respeito ao controle mútuo entre órgãos e Poderes do Estado.

Conforme Abrucio e Loureiro,[200] a efetivação da *accountability* passa pela presença de cinco importantes instrumentos: a) o controle parlamentar da execução orçamentária do Executivo; b) os controles judiciais, efetivados também pelo Ministério Público; c) o controle administrativo-financeiro exercido pelos Tribunais de Contas; d) o controle de resultados da administração pública coordenado por agências reguladoras ou organismos da sociedade civil; e e) a participação por meio de audiências públicas, conselhos deliberativos e plebiscitos, entre outros.

Considerando que o recorte deste trabalho se concentra em compreender racionalmente a atividade legislativa a partir de sua instrumentalidade e da dimensão da legitimidade democrática, justifica-se que os efeitos da assimetria informacional sobre as práticas de *accountability* aqui analisados recaem de forma mais intensa sobre o último critério, qual seja, o da dinâmica participativa, sem desconsiderar que existem outros instrumentos de controle presentes na realidade do Poder Legislativo e que se revelam igualmente relevantes.

---

[200] ABRUCIO, Luiz Fernando; LOUREIRO, Maria Rita. Finanças públicas, democracia e *accountability*. In: BIDERMAN, Ciro; ARVATE, Paulo (org.). *Economia no setor público no Brasil*. Rio de Janeiro: Elsevier, 2004. p.75-102.

CAPÍTULO 3

AVALIAÇÃO LEGISLATIVA: ASPECTOS CONCEITUAIS E PRÁTICAS RECONHECIDAS

Considerando que a proposta desenvolvida por este trabalho tem como ponto de partida a Legisprudência e a Legística Material como vertentes que representam o alicerce teórico do conceito de racionalidade da atividade legislativa, necessário se faz o aprofundamento da análise da avaliação legislativa como dimensão mais pragmática e instrumental a concretizar tais fundamentos no campo da normatividade das políticas públicas.

Essa nova dimensão surge, conforme as linhas de análise já expostas, a partir da construção de um espaço epistêmico e teórico-metodológico com características interdisciplinares, cujo desdobramento resulta nas perspectivas de sua instrumentalidade e de sua legitimidade democrática, compreendendo-se o dever de justificação como importante marco a se desdobrar na qualidade material e formal do Direito e dos programas políticos regulados.

Nessa ordem de ideias, este capítulo aprofunda o tema da Avaliação Legislativa como proposta metodológica de trabalho passível de ser aplicada na rotina das atividades normativas das políticas públicas, sendo destacada, em um primeiro momento, a sua relevância para o campo de consequência da norma. Em seguida, realiza-se estudo panorâmico de alguns modelos avaliativos atualmente em curso no cenário internacional, de maneira a contextualizar a atual situação no contexto parlamentar brasileiro, realidade que é abordada mais densamente no tópico final. Ao fim, são traçadas algumas hipóteses para a realização da análise empírica deste trabalho.

3.1 Avaliação legislativa como expressão da instrumentalidade processual normativa

Como visto na seção teórica deste trabalho, o tema da avaliação legislativa possui relação estreita com o campo normativo das políticas públicas. As suas práticas permitem saber se as ações previstas nos programas políticos estão pautadas pelo cumprimento do interesse público, abrindo-se a possibilidade de averiguar se a escolha dos meios, dos métodos e das alternativas está embasada em critérios técnicos e adequados às informações captadas da realidade.

A avaliação legislativa se traduz em atividade metodológica capaz de compreender o fenômeno legislativo de forma global, exercendo uma interlocução necessária entre o plano normativo e o plano da facticidade. Trata-se de procedimento de caráter interdisciplinar que permite que o legislador mensure, ainda que de modo aproximado, as consequências de propostas legislativas a partir de abordagem racional de ponderação das alternativas existentes para o processo de criação de normas.[201] [202]

O traço fundamental da avaliação legislativa a impactar de forma significativa a justificação da legislação é a ideia de efeito como objeto passível de identificação mediante auxílio metodológico. Sobre esse ponto, Mader[203] destaca como ponto de partida da atividade avaliativa a compreensão de fenômenos sociais, os quais são cobertos por incertezas. Isso significa que tal fenômeno não opera no domínio da certeza, das provas absolutas e irrefutáveis, mas sim da probabilidade e da plausibilidade.

A compreensão de que a legislação é instrumento de ação estatal orientado a um fim previamente determinado parte, portanto, do apoio de um conjunto de informações sistematizadas que dão um suporte à legislação quanto à perspectiva de alcance de seus objetivos. Nesse sentido, Borges[204] sinaliza duas definições determinantes dentro da dinâmica avaliativa. A primeira se dá pela noção de objetivo normativo

---

[201] DELLEY, Jean-Daniel; FLUCKIGER, Alexandre. A elaboração racional do direito privado: da codificação à legística. *Caderno da Escola Legislativa*, v. 9, n. 14, p. 35-58, jan./dez. 2007.

[202] MADER, Luzius. Evaluating the effects: a contribution to the quality of legislation. *Statute Law Review*, vol. 22, n. 2, p. 119-131, 2001.

[203] MADER, Luzius. A avaliação legislativa: Uma nova abordagem do direito. *Cadernos de Ciência da Legislação*, Oeiras, n. 1, p. 41, abr./jun. 1991.

[204] BORGES, Clarissa Tatiana de Assunção. *Justificação da legislação na perspectiva da legisprudência*: princípios de avaliação e controle da legislação. 2011. Dissertação de Mestrado. Universidade Federal de Minas Gerais, programa de pós-graduação em Direito, Belo Horizonte, 2011, p. 86.

ou efeito pretendido. A segunda, por outro lado, se verifica pela análise do caráter metodológico da avaliação enquanto instrumento de exteriorização e de concretização das ações normativas previstas.

Nota-se, dessa maneira, que os objetivos e os efeitos são atributos que, de alguma forma, estruturam a legislação. O requisito mínimo da atividade legislativa é, portanto, o estabelecimento de objetivos claros e determinados. A avaliação legislativa, por sua vez, surge em um segundo momento, sendo considerada artifício metodológico de análise probabilística a verificar, no plano material, a relação de causalidade estabelecida entre a norma e seus efeitos.

Todavia, considerando que a realidade social é complexa e que cada exercício avaliativo representa um recorte de características limitadas, tem-se que os seus resultados carecem de atualização constante, a permitir maior conexão e proximidade com o fenômeno normatizado. Nesse sentido, a avaliação legislativa se compromete com a responsabilidade do legislador na tarefa de promover a adequação social da ação legislativa, de maneira que os métodos e objetivos escolhidos se aproximem, na maior medida possível, dos problemas sociais regulados pela legislação.

Segundo Salinas,[205] três são os critérios metodológicos a avaliarem os efeitos da legislação: a efetividade, a eficácia e a eficiência.

Para a autora, a efetividade ou eficácia social constitui a observância dos destinatários de uma determinada norma ao comportamento esperado pelo legislador. Nesses termos, duas questões devem ser analisadas: a primeira quanto ao ponto de vista externo, na medida em que os destinatários se comportam de acordo com aquilo que o legislador espera; a segunda pela análise da pertinência da norma avaliada no sentido de determinar o comportamento dos seus destinatários.[206]

Diante de tais características, importante conclusão é a de que a efetividade nem sempre está diretamente relacionada à obediência da lei. Nas normas de efeitos simbólicos, a conduta esperada pelo legislador é exatamente aquela que se revela contrária à da não obediência ao

---

[205] SALINAS, Natasha Schmitt Caccia. *Avaliação Legislativa no Brasil*: Um Estudo de Caso sobre as Normas de Controle das Transferências Voluntárias de Recursos Públicos para Entidades do Terceiro Setor. Dissertação de Mestrado. São Paulo: Universidade de São Paulo, 2009, p. 37.
[206] MADER, Luzius. Evaluating the effects: a contribution to the quality of legislation. *Statute Law Review*, vol. 22, n. 2, p. 124, 2001.

seu conteúdo. Tal fato tornaria tal norma, por esse ponto de vista, um instrumento de caráter efetivo.[207]

Quanto à eficácia em sentido estrito, trata-se de atributo normativo que se exterioriza pela aptidão de uma determinada lei no sentido de atingir as finalidades por ela prescritas.[208] O foco, aqui, é na atividade normativa, sendo a capacidade do legislador elemento determinante no sentido de formular proposições aptas a atingir os resultados normativos. Além disso, mais importante do que definir as pretensões legais no diploma legislativo é o esclarecimento desses objetivos a partir da justificativa legislativa.

Buscando relacionar os conceitos de efetividade e eficácia, Mader[209] entende que a efetividade não necessariamente está relacionada à verificação da eficácia. Nesse sentido, tem-se que a efetividade é capaz de garantir a realização da eficácia se a observância à norma por parte de seus destinatários realmente se traduz na concretização dos objetivos estabelecidos pelo agente legislativo. Por outro lado, a realização dos objetivos normativos pode decorrer de outros fatores que não a obediência à legislação, havendo, neste caso, uma norma eficaz, porém não efetiva.

Define-se, por fim, como critério de avaliação legislativa quanto aos efeitos da legislação a eficiência, que é constituída pela relação entre os "custos" e os "benefícios" de um determinado ato normativo.[210] A dinâmica avaliativa considera, assim, a previsão dos custos empreendidos pela legislação no sentido de buscar o máximo de benefícios com o seu cumprimento, sendo possível relacionar a busca por tais benefícios com o cumprimento dos objetivos da norma. Atienza[211] salienta que, quando o benefício legislativo representa um alto custo para a sua realização,

---

[207] SALINAS, Natasha Schmitt Caccia. *Avaliação Legislativa no Brasil*: Um Estudo de Caso sobre as Normas de Controle das Transferências Voluntárias de Recursos Públicos para Entidades do Terceiro Setor. Dissertação de Mestrado. São Paulo: Universidade de São Paulo, 2009, p. 38.

[208] SALINAS, Natasha Schmitt Caccia. *Avaliação Legislativa no Brasil*: Um Estudo de Caso sobre as Normas de Controle das Transferências Voluntárias de Recursos Públicos para Entidades do Terceiro Setor. Dissertação de Mestrado. São Paulo: Universidade de São Paulo, 2009, p. 38.

[209] MADER, Luzius. Evaluating the effects: a contribution to the quality of legislation. *Statute Law Review*, vol. 22, n. 2, p. 119-131, 2001.

[210] SALINAS, Natasha Schmitt Caccia. *Avaliação Legislativa no Brasil*: Um Estudo de Caso sobre as Normas de Controle das Transferências Voluntárias de Recursos Públicos para Entidades do Terceiro Setor. Dissertação de Mestrado. São Paulo: Universidade de São Paulo, 2009, p. 39.

[211] ATIENZA, Manuel. *Contribución a una teoría de la legislación*. Madri: Civitas, 1997, p. 93.

exige-se um exercício de ponderação por parte do legislador quanto ao grau de satisfação do interesse público atingido.

Uma importante observação a ser feita é que a avaliação legislativa nem sempre se revela capaz de estimar todos os efeitos normativos que serão produzidos. Como o agente legislativo é dotado de limitações, ele deve se cercar de meios capazes de auxiliá-lo no dimensionamento de outros fenômenos não previstos *a priori*, sendo esta análise denominada de análise de impacto legislativo.[212] Assim, a avaliação legislativa de impacto leva em conta, segundo a autora, resultados não previstos e ocasionados pela legislação produzida, sendo essa análise atividade realizada para além dos graus de eficácia, efetividade e eficiência mencionados.

De qualquer modo, seja na avaliação dos impactos de uma legislação, seja na avaliação dos seus efeitos, o que importa é a intenção de ambas as modalidades avaliativas no sentido de identificar as consequências atribuídas à lei que realmente decorrem de sua aplicação. Logicamente que esta análise se encontra situada no campo da probabilidade ou da plausibilidade, de maneira que sempre haverá a possibilidade de cometimento de equívocos quanto à análise dos comportamentos legalmente atribuídos.

Para além da análise material das modalidades de avaliação legislativa mencionadas, outra reflexão necessária passa pelo momento de sua realização. Compreende-se como avaliação prévia (prospectiva, ou *ex ante*) aquela que, segundo Caupers,[213] busca prever as consequências da lei antes de sua edição, mediante a reunião do maior número de informações possível a permitir o conhecimento da realidade existente antes da entrada da norma no ordenamento jurídico.

Essa avaliação abarca desde a análise dos motivos que fundamentam a intervenção normativa, o planejamento das ações para o desenvolvimento da iniciativa, a definição dos agentes encarregados de implementá-la, o levantamento das normas disciplinadoras pelas quais será regida, até a fundamental avaliação de seus possíveis impactos.[214]

---

[212] SALINAS, Natasha Schmitt Caccia. *Avaliação Legislativa no Brasil*: Um Estudo de Caso sobre as Normas de Controle das Transferências Voluntárias de Recursos Públicos para Entidades do Terceiro Setor. Dissertação de Mestrado. São Paulo: Universidade de São Paulo, 2009, p. 39.

[213] CAUPERS, João. Relatório sobre o programa, conteúdo e métodos de uma disciplina de Metódica da Legislação. *Legislação: Cadernos de Ciência da Legislação*, Oeiras, n. 35, p. 41, out./dez. 2003.

[214] MENEGUIN, Fernando B. Balizas para uma metodologia e estudos de caso. In: MENEGUIN, Fernando B. *et al*. *Avaliação de impacto legislativo*: cenários e perspectivas para sua aplicação. Brasília: Senado Federal, 2017, p. 20.

A título de esclarecimento, Meneguin[215] se refere à avaliação *ex ante* pelo termo "Avaliação de Impacto Legislativo" (AIL),[216] sendo a nomenclatura "Avaliação de Impacto Regulatório" (AIR) o mesmo instituto aplicável, no caso brasileiro, à esfera normativa infralegal e regulamentadora. Assim, complementa como sinônimo terminológico com aquilo que Morais[217] denomina de avaliação de impacto normativo (AIN), pelo qual se revela por um processo analítico prévio de gestão da qualidade das normas jurídicas, que consiste na identificação e no estudo dos efeitos potenciais e reais dos atos normativos a alcançar a melhor opção de atuação do Poder Público.

A avaliação legislativa *ex post* (também chamada de retrospectiva), por outro lado, viabiliza uma revisão eficaz da legislação existente.[218] Assim, por meio de técnicas de pesquisa adequadas, torna-se útil ao processo de identificação das causas dos efeitos e impactos já produzidos por um ato normativo já editado, a revelar as lacunas e demais insuficiências passíveis de correção. Em termos de aplicação dessa modalidade avaliativa, Mader[219] afirma que são práticas comuns de avaliação retrospectiva o levantamento de dados e a análise de arquivos.

Analisados, resumidamente, os modelos de avaliação legislativa quanto ao momento de sua realização, conclui-se que, embora a avaliação legislativa *ex ante* apresente diferenças cruciais quanto aos métodos e técnicas utilizados pela avaliação legislativa *ex post*, tem-se como inegável a existência de complementariedade entre ambas. Nota-se que o empreendimento para se avaliar metodologicamente os possíveis efeitos de uma legislação antes do início da sua vigência inevitavelmente auxilia a avaliação legislativa retrospectiva, que já passa a contar com uma dimensão informacional consolidada acerca dos objetivos que serão avaliados.

---

[215] MENEGUIN, Fernando B. Balizas para uma metodologia e estudos de caso. *In:* MENEGUIN, Fernando B. *et al. Avaliação de impacto legislativo*: cenários e perspectivas para sua aplicação. Brasília: Senado Federal, 2017.

[216] Para os fins deste trabalho, o termo "avaliação legislativa" se refere ao gênero do qual a "Avaliação de Impacto Legislativo" (AIL) é espécie avaliativa *ex ante*. Tal modalidade avaliativa compreende, nos termos conceituais expostos neste tópico, as técnicas avaliativas tanto para a mensuração dos efeitos normativos quanto para o dimensionamento dos respectivos impactos.

[217] MORAIS, Carlos Blanco. *Guia de avaliação de impacto normativo*. Coimbra: Almedina, 2010.

[218] MATA, Paula Carolina de Oliveira Azevedo; BRAGA, Renê Morais da Costa. Análise de impacto legislativo: conteúdo e desafios metodológicos. *Estudos em Legística*. Tribo da ilha, 2019, p. 127.

[219] MADER, Luzius. Avaliação dos efeitos da legislação – a situação actual na Suíça. *Legislação: Cadernos de Ciência da Legislação*, Oeiras, n. 33/34, p. 135-155, jan./jun. 2003, p. 147.

De toda forma, importante considerar que o escopo deste estudo se concentra na análise *ex ante* dos atos normativos a partir da dinâmica do Poder Legislativo, sendo um de seus objetivos a investigação de possíveis critérios e técnicas que efetivamente se tornem aptos do ponto de vista da aplicabilidade sobre uma realidade parlamentar específica. Para tanto, investe-se, a seguir, no estudo de alguns modelos avaliativos já reconhecidos, seja na esfera nacional, seja no âmbito internacional, de maneira viabilizar a institucionalização de algumas possíveis práticas avaliativas no cenário legislativo local.

3.2 Panorama dos modelos existentes: práticas avaliativas no cenário internacional e nacional

Com o intuito de antecipar os desafios da elaboração de um instrumento próprio de avaliação legislativa na realidade dos parlamentos brasileiros, este tópico tem como objetivo o estudo de alguns modelos avaliativos nacional e internacionalmente estabelecidos. Essa análise comparada permite a discussão de procedimentos e de funções existentes, a viabilizar um cenário de reconstrução de um ambiente parlamentar local com as características que lhes são peculiares.

A escolha dos modelos a seguir estudados reflete as suas experiências consolidadas e o grau de reconhecimento atribuído pela Organisation for Economic Cooperation and Development (OECD). Assim, sem a pretensão de reproduzi-los de forma irrefletida à realidade local, busca-se compreendê-los em seus contextos quanto aos resultados obtidos e quanto às dificuldades enfrentadas ao longo do processo de implementação.

3.2.1 O modelo canadense

O Canadá é um Estado federal cuja forma de governo é a monarquia constitucional, no qual o monarca, chefe do Estado, é representado oficialmente pelo governador-geral. Por adotar um sistema parlamentarista, o seu parlamento é composto pelo monarca do Canadá, a Casa dos Comuns e o Senado. Conforme explicação de Kässmayer,[220] o processo legislativo canadense prevê a criação ou alteração de leis por meio de estatutos aprovados pelo parlamento ou pelos legislativos das Províncias ou dos Territórios. Quanto ao processo legislativo federal, os membros do parlamento detêm o poder de iniciativa legislativa, mas a maioria dos projetos é formulada pelo governo.

O Canadá é reconhecido pela importante cultura jurídica desenvolvida quanto à produção de leis de boa qualidade. Para Ziade e Gontijo[221] (2018, p. 259), o processo legislativo canadense conta com uma variada gama de mecanismos institucionais capazes de auxiliar a formação da lei com alto grau de substantivação.

Segundo Soares,[222] existem algumas explicações para tal fato, dentre elas: a) disciplinas curriculares obrigatórias na área de Legística no curso de Direito; b) a presença de um corpo técnico de legistas que compõe os quadros da Administração Pública e das funções legislativas; c) planejamento legislativo e integração entre os vários setores do governo afetados pela futura legislação; d) desafio de produzir leis com precisão conceitual e clareza de linguagem, devido à obrigatoriedade de publicação das normas em duas línguas oficiais; e e) tendência nacional de consolidar a legislação existente.

Quanto à elaboração das leis primárias, um relatório de avaliação legislativa é apresentado ao Gabinete, não estando o seu conteúdo publicado antes de a matéria ser encaminhada ao parlamento. Aqui, um ponto merece destaque. Os processos de elaboração de regulamentos são mais detalhados e transparentes, de maneira que os atos do processo de avaliação de impacto regulatório (AIR) (Regulatory Impact Assessment) são públicos desde o seu início, razão pela qual devem ser analisados.[223]

---

[220] KÄSSMAYER, Karin. Referências e experiências internacionais sobre avaliação de impacto legislativo. *In:* MENEGUIN, Fernando B. et al. *Avaliação de impacto legislativo*: cenários e perspectivas para sua aplicação. Brasília: Senado Federal, 2017, p. 27.

[221] ZIADE, Danielle Farah; GONTIJO, Pedro Augusto Costa. O processo legislativo canadense. *In:* SOARES, Fabiana de Menezes; OLIVEIRA, Thaís de Bessa Gontijo de; MACIEL, Caroline Stéphanie Francis dos Santos (org.) *Regimentos parlamentares do mundo*: sistemas jurídicos e ação legislativa Belo Horizonte: Assembleia Legislativa do Estado de Minas Gerais, 2018, p. 259.

[222] SOARES, Fabiana de Menezes. O papel da legística nos processos de integração: o caso Canadá/Brasil em sede de planejamento legislativo. *Revista da Faculdade de Direito*, Belo Horizonte, n. 46, p. 114, 2005.

[223] MENEGUIN, F. B.; SILVEIRA E SILVA, R. *Avaliação de impacto legislativo*: cenários e perspectivas para sua aplicação. Brasília: Senado Federal, Coordenação de Edições Técnicas, 2017, p. 30.

De acordo com Volkery,[224] os requisitos para a AIR canadense não estão prescritos em lei, que preveem diretrizes gerais sobre o assunto. Por um lado, tal fato permite rápidas correções metodológicas. Por outro, existe a desvantagem da possibilidade de se atenuar ou negligenciar os compromissos feitos pelos agentes políticos.

Quanto ao conteúdo da AIR, são previstos de forma abrangente os seguintes critérios: a) potenciais impactos da norma na saúde, segurança, meio ambiente e bem-estar econômico e social dos canadenses; b) custos e economias para o governo, os negócios, a população e o potencial impacto da norma na economia canadense e na sua competitividade internacional; c) impacto potencial em outros órgãos e agências federais, outras instâncias de governo e nas relações exteriores do Canadá; d) nível de interesse, suporte e controvérsia entre as partes afetadas e entre os canadenses; e) impacto geral esperado: em obediência ao princípio da proporcionalidade, a análise deve focar onde ela é mais necessária.[225]

Em relação ao procedimento, são previstas as seguintes etapas: a) consulta: identificação das partes interessadas e afetadas, com informações sobre as implicações da política pública, calendário e prazos para que as partes possam participar do debate, além de fornecer um *feedback* a elas; b) identificação e avaliação de questões de políticas públicas: analisa-se, aqui, a política pública em si, suas causas, contexto, impactos a longo-prazo, importância da intervenção do governo, incertezas, considerações éticas, pontos de vista da sociedade sobre o tema e evidências científicas e empíricas; c) definição dos objetivos da política pública e seus resultados esperados; d) seleção dos instrumentos governamentais apropriados: incluem-se nesta fase a análise das possíveis alternativas, bem como se os objetivos da política são proporcionais aos riscos; e) avaliação das implicações legais; f) conformidade com obrigações internacionais; g) análise dos custos e benefícios da norma; h) recomendação de opções; i) coordenação; j) cooperação; k) planejamento para a implementação; e l) medidas, avaliação e revisão da regulamentação.[226]

---

[224] VOLKERY, A. *Regulatory impact analysis in Canada*. Berlin: Environmental Policy Research Centre, Freie Universitaet Berlin, 2004. Disponível em: file:///D:/Lucas%20Velasco/Downl oads/%D9%83%D9%86%D8%AF%D8%A7.pdf. Acesso em: 9 dez. 2020.

[225] KÄSSMAYER, Karin. Referências e experiências internacionais sobre avaliação de impacto legislativo. In: MENEGUIN, Fernando B. *et al*. *Avaliação de impacto legislativo*: cenários e perspectivas para sua aplicação. Brasília: Senado Federal, 2017, p. 31.

[226] KÄSSMAYER, Karin. Referências e experiências internacionais sobre avaliação de impacto legislativo. In: MENEGUIN, Fernando B. *et al*. *Avaliação de impacto legislativo*: cenários e perspectivas para sua aplicação. Brasília: Senado Federal, 2017, p. 31.

Como último aspecto a ser analisado, tem-se que o conteúdo da avaliação legislativa canadense não apenas confere transparência e viabiliza a produção de leis com maior qualidade, como também influencia as decisões das cortes judiciais. A título de exemplo, Meneguin e Silveira[227] destacam que parece não ser incomum a utilização desses relatórios avaliativos para a justificação de critérios interpretativos das normas referentes ao tema de imigração.

Pode-se afirmar, diante dos aspectos analisados, que o processo legislativo no Canadá é constituído por um sistema de produção legislativa extremamente refinado, que se comunica de forma harmônica com inúmeros preceitos da Legística e da Legisprudência. Por conseguinte, trata-se de experiência jurídica que deve ser considerada como modelo para a produção de leis de qualidade.

3.2.2 O modelo britânico

O Reino Unido é uma monarquia parlamentarista, em que o primeiro-ministro ocupa a posição de chefe de governo, sendo membro do parlamento e líder do partido político na Câmara dos Comuns. Quanto à estrutura, o parlamento britânico é composto por duas casas legislativas: a Câmara dos Lordes e a Câmara dos Comuns, sendo a primeira composta por representantes nomeados, em sua maioria, pela Coroa, e a segunda por representante de cada círculo eleitoral eleito pelo sistema distrital de voto majoritário. Nesses termos, as principais funções parlamentares são o escrutínio do governo, a produção de leis, o debate de matérias importantes na ordem do dia, bem como a aprovação e o controle orçamentários.

Sobre a tramitação dos projetos de lei, trata-se de sistema bicameral, em que qualquer das casas possui iniciativa legislativa, desde que a casa que não propõe a medida atue como revisora nas mesmas condições.

Sobre o tema da avaliação legislativa, Kässmayer[228] esclarece que é possível dividir a experiência do Reino Unido em três períodos: a) início

---

[227] MENEGUIN, F. B.; SILVEIRA E SILVA, R. *Avaliação de impacto legislativo*: cenários e perspectivas para sua aplicação. Brasília: Senado Federal, Coordenação de Edições Técnicas, 2017, p. 34.

[228] KÄSSMAYER, Karin. Referências e experiências internacionais sobre avaliação de impacto legislativo. *In*: MENEGUIN, Fernando B. *et al*. *Avaliação de impacto legislativo*: cenários e perspectivas para sua aplicação. Brasília: Senado Federal, 2017, p. 39.

da agenda de desregulamentação (anos 80 a 90), com a introdução da AIR dotada de análise estruturada dos custos, benefícios e alternativas de regulação; b) formalização da AIR e criação da regulação melhor (Better Regulation Agenda) a partir de 1997, com a exigência da elaboração de AIR para todas as novas regulamentações, que foram avaliadas pela Regulatory Impact Unit do Governo central; e c) foco na desregulação, desde 2010, com ênfase na promessa governamental de minimizar a burocracia para os negócios e indivíduos.

Nesses termos, a análise de impacto regulatório ainda permanece uma ferramenta essencial na avaliação de novas normas e se apresenta, no caso britânico, como um instrumento-chave para a implementação de políticas desregulatórias.

Segundo Maciel, Castro e Resende,[229] no Reino Unido as práticas avaliativas são exigidas para todos os processos de tomada de decisão, sendo nelas inseridas questões relativas à política regulatória e à elaboração normativa de políticas públicas. Nesse sentido, antes de introduzir qualquer nova norma, uma avaliação de impacto normativo é elaborada, com a participação dos setores e destinatários envolvidos, sendo que, na sua versão final, há uma análise detalhada do custo-benefício da proposta.

Quanto ao conteúdo dos critérios avaliativos, utiliza-se um "Manual de Qualidade Regulatória" com as seguintes etapas: a) compreensão do motivo pelo qual o governo propõe a intervenção; b) alternativas existentes e quais delas são viáveis; c) impacto das ações propostas sobre as partes interessadas; e d) custos e benefícios da medida. Já os estágios metodológicos se assemelham aos parâmetros canadenses, consistindo na análise do problema, no estabelecimento de objetivos, na avaliação prospectiva, implementação e monitoramento e avaliação.[230]

Um importante aspecto passa pela compreensão de que, sendo a maior parte das proposições de autoria do Executivo, a avaliação legislativa é comumente realizada pelo governo e é considerada requisito

---

[229] MACIEL, Caroline Stéphanie Francis dos Santos; CASTRO, Marcelo Fonseca Ribeiro; RESENDE, Mariana Barbosa Araújo. O Parlamento britânico. *In*: SOARES, Fabiana de Menezes; OLIVEIRA, Thaís de Bessa Gontijo de; MACIEL, Caroline Stéphanie Francis dos Santos (org.). *Regimentos parlamentares do mundo*: sistemas jurídicos e ação legislativa Belo Horizonte: Assembleia Legislativa do Estado de Minas Gerais, 2018, p. 57.

[230] VIEIRA, Eduardo S. S. Desafios e estratégias para a implantação da avaliação de impacto legislativo. *In*: MENEGUIN, Fernando B. *et al*. *Avaliação de impacto legislativo*: cenários e perspectivas para sua aplicação. Brasília: Senado Federal, 2017, p. 61.

obrigatório para o início da tramitação da proposição.[231] Assim, por possuir uma unidade de exame e avaliação das proposições legislativas,[232] o Poder Legislativo britânico se utiliza desse expediente como instrumento de debate para analisar a matéria. Aqui, as análises devem ser encaminhadas através de documentos simples, com informações consistentes e sem informações desnecessárias, sendo que, atualmente, o modelo contém apenas três páginas e foca em custos, benefícios, riscos e objetivos da política.

Por fim, Maciel, Castro e Resende[233] concluem que as estratégias do Reino Unido em práticas legislativas de qualidade podem, assim, ser resumidas em duas frentes de trabalho: de um lado, a avaliação de impacto *ex ante* de novas regulamentações, contribuindo para a mudança de cultura e de atitude daqueles que fazem as leis e políticas públicas. De outro, um programa sólido de simplificação da legislação existente. Sabe-se que, quanto a esse último, o parlamento britânico tem lançado, com relativo sucesso, inúmeras medidas no sentido de reduzir o excessivo número de normas existentes, contribuindo com a diminuição da burocracia e com o aumento dos graus de eficácia e efetividade legislativas.

3.2.3 A experiência brasileira

No Brasil, os estudos sobre avaliação legislativa ocorreram tardiamente. As pesquisas científicas a ganharem maior destaque

---

[231] KÄSSMAYER, Karin. Referências e experiências internacionais sobre avaliação de impacto legislativo. *In:* MENEGUIN, Fernando B. *et al. Avaliação de impacto legislativo*: cenários e perspectivas para sua aplicação. Brasília: Senado Federal, 2017, p. 42-43.

[232] Meneguin e Bijos (2016, p. 6-7) destacam que, de maneira analógica, o Parlamento canadense possui comissão permanente especializada no exame das regulações (Standing Committee for the Scrutiny of Regulations), sendo a sua função revisar as normas regulatórias adotadas pelo governo. A Nova Zelândia e a Polônia, no mesmo sentido, também instituíram comissões de revisão das políticas regulatórias governamentais. O Parlamento da União Europeia criou em 2012 uma unidade de avaliação de impacto *ex-ante* das proposições legislativas cuja função é elaborar estudos para subsidiar a tomada de decisão nas comissões. Já o Parlamento sueco possui uma secretaria de avaliação e pesquisa formada por especialistas cuja função é preparar material de suporte e análises para as comissões legislativas.

[233] MACIEL, Caroline Stéphanie Francis dos Santos; CASTRO, Marcelo Fonseca Ribeiro de; RESENDE, Mariana Barbosa Araújo. O Parlamento britânico. *In:* SOARES, Fabiana de Menezes; OLIVEIRA, Thaís de Bessa Gontijo de; MACIEL, Caroline Stéphanie Francis dos Santos (org.) *Regimentos parlamentares do mundo*: sistemas jurídicos e ação legislativa Belo Horizonte: Assembleia Legislativa do Estado de Minas Gerais, 2018, p. 59.

partiram de pesquisas pioneiras lideradas por nomes como Soares,[234] [235] Salinas,[236] De Paula,[237] Meneguin e Silveira,[238] dentre outros. Como produtos institucionais, alguns ambientes foram idealizados no sentido de sistematizar o conteúdo relativo ao tema, sendo o Observatório para a Qualidade da Lei, o Núcleo de Estudos e Pesquisas da Consultoria Legislativa do Senado Federal e o Instituto Legislativo Brasileiro (ILB) exemplos de espaços de produção de conhecimento que se tornaram expoentes nacionais.

Quanto às iniciativas legislativas que visam regulamentar o instituto como proposta metodológica, constata-se que, quando existentes, costumam apresentar padrões deficitários de instrumentos de concretização. Nesse sentido, diante da ausência de um instrumento legal a discriminar o modo de concretização das práticas avaliativas, sobretudo quanto aos relatórios a serem produzidos e aos responsáveis por sua realização, faz-se importante a menção de algumas medidas legislativas recentes que melhor centralizam a discussão.

O Decreto nº 9.191, de 1º de novembro de 2017,[239] apesar de inovar no campo da Legística Material, se mostrou fragmentado do ponto de vista da avaliação normativa, que ainda permaneceu facultativa no sistema legislativo brasileiro. Assim, com a intenção de introduzir a regulação geral sobre o tema, o projeto de lei do Senado (PLC) nº 488, de 2017, surge como iniciativa importante nesse contexto, prevendo que as proposituras que instituem políticas públicas devem ser acompanhadas de avaliação prévia de impacto legislativo, com o objetivo de garantir a economicidade, a eficácia, a eficiência e a efetividade das ações públicas.

---

[234] SOARES, Fabiana Menezes. *Produção do direito e conhecimento da lei a luz da participação popular e sob o impacto da tecnologia da informação.* Tese de doutorado. UFMG, Belo Horizonte, 2002.

[235] SOARES, Fabiana Menezes. Legística e Desenvolvimento: a qualidade da lei no quadro da otimização de uma melhor legislação. *Revista da Faculdade de Direito da UFMG*, n. 50, p. 124-142, jan./jul. 2007.

[236] SALINAS, Natasha Schmitt Caccia. Avaliação legislativa no Brasil: apontamentos para uma nova agenda de pesquisa sobre o modo de produção das leis. *Revista Brasileira de Políticas Públicas*, Brasília, vol. 3, n. 2, jul./dez. 2013.

[237] DE PAULA, Felipe. *Avaliação Legislativa no Brasil*: limites e possibilidades. Tese de doutorado. Faculdade de Direito USP, 2016, p. 58-66; 178-198.

[238] MENEGUIN, F. B.; SILVEIRA E SILVA, R. *Avaliação de impacto legislativo*: cenários e perspectivas para sua aplicação. Brasília: Senado Federal, Coordenação de Edições Técnicas, 2017.

[239] O referido instrumento é regulamentado pela Lei Complementar nº 95, de 26 de fevereiro de 1998, quanto à disposição de diretrizes para elaboração, redação, alteração, consolidação e encaminhamento de propostas de atos normativos.

Nesses termos, tal proposta prevê a regulamentação de forma mais pormenorizada das práticas de avaliação legislativa no Brasil, havendo a previsão de técnicas avaliativas pertinentes, bem como as respectivas competências para a sua produção. Considerando, todavia, o fato de ainda ser objeto de deliberação legislativa,[240] muitos dos conceitos até então utilizados devem ser aprimorados ao longo do processo, merecendo destaque, por ora, o simples intuito de tornar obrigatória a avaliação legislativa *ex ante* nos projetos de lei que instituam políticas públicas.

Outro importante avanço normativo ocorrido no cenário nacional atual é a Medida Provisória nº 881, de 30 de abril de 2019, conhecida como a Medida Provisória da Liberdade Econômica, que reservou ao Capítulo IV a previsão da Análise de Impacto Regulatório (AIR). Convertida na Lei Federal nº 13.874/19, de 20 de setembro de 2019, dispõe, em seu artigo 5º, que as propostas de edição e de alteração de atos normativos de interesse geral de agentes econômicos ou de usuários dos serviços prestados, editadas por órgão ou entidade da administração pública federal, incluídas as autarquias e as fundações públicas, serão precedidas da realização de análise de impacto regulatório, que conterá informações e dados sobre os possíveis efeitos do ato normativo para verificar a razoabilidade do seu impacto econômico.

Nota-se que o legislador deixou para regulamentação específica o conteúdo, a metodologia da análise, os quesitos mínimos a serem objeto de exame, bem como as hipóteses em que a medida será obrigatória. Surge, assim, o Decreto nº 10.411, de 30 de junho de 2020, que passa a regulamentar as análises de impacto regulatório e de resultado regulatório, restringindo as suas práticas aos órgãos e às entidades da administração pública federal direta, autárquica e fundacional.

Importante ressaltar que a edição desse ato normativo, apesar de direcionada de forma mais específica aos atos normativos de caráter econômico-regulatório, tende a ser considerada como um marco geral a influenciar a regulamentação de modelos de avaliação legislativa pelo país. Com esse instrumento, Meneguin[241] ressalta que o Brasil passa a ser inserido oficialmente no contexto mundial do movimento "Better

---

[240] Até o presente momento, a proposta recebeu aprovação do Senado, mas ainda carece de deliberação por parte da Câmara dos Deputados.

[241] MENEGUIN, Fernando B.; MELO, Ana Paula Andrade de. Análise de Impacto para Além das Regulações, Brasília: Núcleo de Estudos e Pesquisa/CONLEG/Senado, outubro 2020 (Texto para discussão n. 286) Disponível em: www.senado.leg.br. Acesso em: 1º out. 2020.

Regulation",²⁴² que visa o cuidado com o desenho das normas jurídicas, sobretudo aquelas que regulamentam políticas públicas.

Sem a pretensão de aprofundar a análise quanto aos aspectos normativos específicos, importante ressaltar, na esteira do pensamento de Cristóvam, Gondim e Sousa,²⁴³ que a referida medida se pauta pela identificação de dois parâmetros principais: a) as práticas avaliativas devem conter critérios instrumentais de racionalidade, devendo ser utilizadas ainda nos estágios iniciais da elaboração da norma; e b) ao longo do procedimento de análise propriamente dito deve haver espaços específicos de deliberação social. Percebe-se, portanto, que os eixos analíticos²⁴⁴ desenvolvidos por este trabalho guardam estreita consonância com o espírito do ato normativo editado, o que reforça o caráter atual e relevante desta obra.

Fica a preocupação, de todo modo, no sentido de que tal instituto possa ser considerado prática exclusivamente direcionada à análise do aspecto econômico-normativo, o que desconsideraria os demais setores de impacto verificados. Quanto a essa questão, Meneguin²⁴⁵ faz o seguinte questionamento: e quando ampliamos o espectro para além da regulação econômica? Para o autor, esse novo instrumento deve ser estendido a todas as normas, sejam aquelas que se destinam a coibir comportamentos indesejados das pessoas ou as que regulamentem políticas públicas. Dessa maneira, a investigação acerca dos potenciais efeitos dos atos normativos em geral é fundamental, sobretudo no período em que elas estão sendo elaboradas, previamente a sua entrada em vigência. Claro que há a necessidade de se considerar a proporcionalidade dos estudos, não havendo razão para a realização de uma avaliação aprofundada em projetos de menor complexidade.

Diante das considerações expostas, e considerando-se o fato de que o Poder Legislativo brasileiro ainda não tenha enfrentado o problema da qualidade das leis por meio de soluções normativas amplas e estruturadas, com efeitos em todas as esferas públicas, acredita-se

---

²⁴² Segundo Meneguin (2020, p. 2), os países integrantes da OCDE, bem como a União Europeia, possuem a agenda denominada "Better Regulation". Trata-se de movimento para constantemente haver o cuidado com o desenho das normas, de maneira que elas aconteçam em processo transparente e baseado em evidências.
²⁴³ CRISTÓVAM, J. S. da Silva; GONDIM, L. Sonsol; SOUSA, T. Pereira. Análise de Impacto Regulatório (AIR) e participação social no Brasil. *RJD*, vol. 34, n. 2, p. 356, ago. 2020.
²⁴⁴ Para aprofundamento dos eixos da "instrumentalidade da atividade normativa" e da "legitimidade democrática", ver tópico 1.4.
²⁴⁵ MENEGUIN, Fernando B.; MELO, Ana Paula Andrade de. *Análise de Impacto para Além das Regulações*, Brasília: Núcleo de Estudos e Pesquisa/CONLEG/Senado, outubro 2020 (Texto para discussão n. 286) Disponível em: www.senado.leg.br. Acesso em: 1º out. 2020, p. 5.

que a gradual incorporação das práticas avaliativas nessa realidade se mostre fundamental para o processo de construção de uma cultura em que a avaliação legislativa seja o principal instrumento de racionalização da atividade normativa.

3.3 Os critérios metodológicos de uma proposta de avaliação legislativa

A definição de critérios para a realização de práticas de avaliação legislativa *ex ante* não pode se dar por meio de análises abstratas e desconexas da realidade parlamentar da qual se busca aplicá-los. Trata-se, pois, de empreendimento que exige o estudo dos custos de suas ações, além do tempo demandado para a coleta de dados, bem como para a realização das devidas consultas e avaliações das informações disponíveis. Nesses termos, uma estratégia de implementação metodológica deve levar em consideração os mecanismos de racionalização existentes com a capacidade de traduzir o esforço que a tarefa avaliativa requer para a sua realização.

Segundo Vieira,[246] há leis que dispensam a realização de uma análise *ex ante* pormenorizada quanto aos seus efeitos, seja em razão de sua natureza simbólica ou em virtude de uma baixa complexidade quanto ao conteúdo apresentado. Ocorre que, mesmo nos projetos cujas disposições produzam efeitos concretos de maior dimensão, parece necessário o estabelecimento de parâmetros para a escolha das proposições que merecem ser avaliadas, sobretudo em razão do volume de projetos apresentados nos parlamentos de um modo geral.

Diante dessa realidade, o contexto em que se insere a produção legislativa brasileira apresenta desafios substanciais para a implementação de uma metodologia de avaliação legislativa que se mostre apta a fornecer informações relevantes a esse grande número de proposições legislativas, que muitas vezes, por interesses políticos, possuem tramitação mais célere quanto à sua apreciação, além de apresentarem limitações informacionais que dificultam o controle político-social dos efeitos legislativos estimados.

---

[246] VIEIRA, Eduardo S. S. Desafios e estratégias para a implantação da avaliação de impacto legislativo. *In*: MENEGUIN, Fernando B. *et al*. *Avaliação de impacto legislativo*: cenários e perspectivas para sua aplicação. Brasília: Senado Federal, 2017, p. 62.

Estabelecidos, portanto, esses importantes fatores para o reconhecimento de práticas adequadas de avaliação legislativa, o presente trabalho se vale do aparato teórico até aqui desenvolvido para adotar critérios avaliativos que se mostrem responsivos à realidade parlamentar goianiense. Importante ressaltar não existir, aqui, um padrão metodológico específico a esgotar as possibilidades avaliativas, sendo recomendável a abordagem de alguns aspectos considerados gerais.

O primeiro deles é a identificação do problema que será objeto da regulação. Segundo Meneguin,[247] faz-se necessário que o legislador tenha a real ciência de qual problema da sociedade se está querendo atacar com a intervenção. Assim, importante realizar um diagnóstico das causas, dos modos de manifestação e dos setores envolvidos, uma vez que elas devem ser o foco da intervenção, e não os sintomas.

Sobre o assunto, Morais[248] entende ser relevante a identificação do contexto da atuação pública que esteja em causa, isto é, a situação problemática que, em determinado momento, impulsiona o agir estatal. Delley[249] complementa que, para facilitar esse procedimento, a Legística propõe uma grade de análise em forma de questionário, a exemplo da técnica de modelização causal. Trata-se, pois, de técnica que permite visualizar o problema decompondo-o em diferentes fatores, de maneira a facilitar a vista panorâmica do problema e de seus diferentes elementos sob uma perspectiva dinâmica.

O segundo critério se refere à necessidade de definição clara dos objetivos da norma. Segundo Meneguin,[250] não poderá haver dúvidas onde se pretende chegar com a norma ou a política pública que será implementada. Para Morais,[251] a identificação de objetivos é normalmente realizada com base nos documentos políticos e estratégicos de governo, tais como planos e programas setoriais. Nesses termos, admite-se que a definição dos fins e objetivos da lei deve ultrapassar os pontos de vista

---

[247] MENEGUIN, F. B.; SILVEIRA E SILVA, R. *Avaliação de impacto legislativo*: cenários e perspectivas para sua aplicação. Brasília: Senado Federal, Coordenação de Edições Técnicas, 2017, p. 89.
[248] MORAIS, Carlos Blanco. *Guia de avaliação de impacto normativo*. Coimbra: Almedina, 2010, p. 28-29.
[249] DELLEY, Jean-Daniel. Pensar a Lei. Introdução a um Procedimento Metódico. *Cadernos da Escola do Legislativo*, Belo Horizonte, v. 7, n. 12, p. 113, jan./jun. 2004.
[250] MENEGUIN, F. B.; SILVEIRA E SILVA, R. *Avaliação de impacto legislativo*: cenários e perspectivas para sua aplicação. Brasília: Senado Federal, Coordenação de Edições Técnicas, 2017, p. 90.
[251] MORAIS, Carlos Blanco. *Guia de avaliação de impacto normativo*. Coimbra: Almedina, 2010, p. 30.

particularistas para expressar uma perspectiva específica do Estado, sob a ótica do interesse público.[252]

O terceiro critério é a contextualização jurídica a envolver o tema e cada uma das soluções pensadas. Meneguin[253] destaca que, para tanto, há que se reconhecer a legislação relevante associada, assim como os limites legais para a recepção da nova proposição.

A análise jurídica se revela importante, nesse contexto, para, juntamente com as etapas anteriormente descritas, identificar as opções legislativas disponíveis acerca do objeto regulado.[254] Assim, considerando que algumas opções podem suscitar vícios jurídicos, o que dificultaria ou impediria a perfeita implementação dos dispositivos aprovados, não se mostraria proveitosa a aprovação de uma norma que, apesar de estar vigente, tenha sua constitucionalidade questionada e possa ser posteriormente retirada do ordenamento jurídico.

O quarto critério se destina à mensuração dos impactos das medidas propostas. Esta etapa objetiva o provimento de informações claras sobre os impactos da proposta legislativa, sejam eles impactos econômicos, sociais, ambientais, dentre outros, devendo-se estar atento a possíveis efeitos inesperados ou externalidades causadas pela intervenção.[255]

Registre-se que, em determinadas situações, talvez a melhor solução seja manter o estado vigente. Assim, a ponderação acerca da manutenção da situação existente deve ser considerada pelo menos em termos de comparação com a alternativa proposta. Essa análise comparativa, segundo o autor, pode ser feita a partir das análises de eficiência ou análises complementares (impacto distributivo, sensibilidade, riscos, custos administrativos etc.).[256]

Um importante aspecto para a avaliação do impacto social da norma proposta é a audição das entidades envolvidas mediante consultas, que tratam da interação com os destinatários afetados na

---

[252] DELLEY, Jean-Daniel. Pensar a Lei. Introdução a um Procedimento Metódico. *Cadernos da Escola do Legislativo*, Belo Horizonte, v. 7, n. 12, p. 123, jan./jun. 2004.

[253] MENEGUIN, F. B.; SILVEIRA E SILVA, R. *Avaliação de impacto legislativo*: cenários e perspectivas para sua aplicação. Brasília: Senado Federal, Coordenação de Edições Técnicas, 2017, p. 90.

[254] MORAIS, Carlos Blanco. *Guia de avaliação de impacto normativo*. Coimbra: Almedina, 2010, p. 32.

[255] MENEGUIN, F. B.; SILVEIRA E SILVA, R. *Avaliação de impacto legislativo*: cenários e perspectivas para sua aplicação. Brasília: Senado Federal, Coordenação de Edições Técnicas, 2017, p. 91.

[256] MORAIS, Carlos Blanco. *Guia de avaliação de impacto normativo*. Coimbra: Almedina, 2010, p. 34.

medida da relevância de sua contribuição potencial para a elaboração do ato normativo.[257] Tais consultas podem ser formais, quando realizadas mediante ato público em que há a audição de todos os potenciais interessados, bem como informais, quando realizadas através de contato direto entre o avaliador e o destinatário consultado.

Quanto à análise de impacto econômico, os métodos analíticos mais conhecidos são: análise custo/benefício, custo/eficácia e análise multicritérios. O modelo de referência é a análise custo/benefício, baseada em cinco etapas: classificação dos impactos (custos e benefícios de cada opção); cálculo da dimensão afetada por cada custo/benefício; métrica de custo/benefício com atribuição de valores monetários para cada unidade dos indicadores/definição do horizonte temporal de custos/benefícios/ e cálculo de benefício líquido atualizado de cada opção política.[258]

Por fim, o quinto critério trata da identificação de elementos de monitoramento e de avaliação futura da proposta normativa, com a previsão de indicadores de progresso que permitam a verificação do sucesso ou do fracasso da potencial norma. Nesses termos, na esteira do pensamento de Meneguin,[259] após a definição da opção política mais adequada é necessário delinear esses sistemas e definir indicadores básicos para os principais objetivos políticos pretendidos. Morais[260] complementa que, com o passar do tempo, a medida legislativa aprovada se mostra desatualizada e inapta a atingir as metas propostas, sendo as técnicas de monitoramento e avaliação necessárias à manutenção da eficácia e da efetividade da norma aprovada.

Concluída a descrição dos critérios gerais de avaliação legislativa, indicam-se, para este estudo, tais diretrizes como requisitos adequados para a verificação de hipóteses a constituírem a atividade normativa, sendo o estudo de caso proposto a dinâmica legislativa da Câmara Municipal de Goiânia. Considerada a inexistência de sua obrigatoriedade, os referidos critérios devem ser modulados ao mínimo possível, contabilizando-se pelo menos uma dimensão para a análise referencial.

---

[257] MORAIS, Carlos Blanco. *Guia de avaliação de impacto normativo*. Coimbra: Almedina, 2010, p. 34.
[258] MORAIS, Carlos Blanco. *Guia de avaliação de impacto normativo*. Coimbra: Almedina, 2010, p. 44.
[259] MENEGUIN, F. B.; SILVEIRA E SILVA, R. *Avaliação de impacto legislativo*: cenários e perspectivas para sua aplicação. Brasília: Senado Federal, Coordenação de Edições Técnicas, 2017, p. 91.
[260] MORAIS, Carlos Blanco. *Guia de avaliação de impacto normativo*. Coimbra: Almedina, 2010, p. 58.

Partindo-se, assim, da possibilidade de investigação empírica da atividade normativa goianiense, formulam-se as seguintes hipóteses: (H5) na Câmara Municipal de Goiânia, os requisitos avaliativos mais contemplados são o da "contextualização jurídica" e o da "delimitação dos objetivos", estando os demais praticamente ignorados pelo agente normativo; (H6) quando relacionados com as propostas que estabelecem políticas públicas, tais atos apresentam uma quantidade média mais elevada de critérios de avaliação legislativa, se comparados com os demais tipos de proposições; (H7) as propostas do Poder Executivo possuem um maior quantitativo médio de critérios de avaliação legislativa, se confrontadas com as propostas do Poder Legislativo; (H8) há uma tendência de aprovação das propostas normativas à medida que se verifica o aumento da frequência de requisitos avaliativos, sendo o número de requisitos cumpridos diretamente proporcional ao percentual de aprovação das proposituras verificadas.

Os tópicos seguintes apresentarão o percurso metodológico e a análise dos dados coletados com o intuito de validar ou refutar as previsões expostas.

CAPÍTULO 4

RACIONALIDADE LEGISLATIVA, POLÍTICAS PÚBLICAS E APLICABILIDADE METODOLÓGICA

4.1 Estratégia metodológica e coleta de dados

De maneira a realizar a análise empírica da pesquisa, este trabalho possui como estratégia metodológica o estudo de caso referente às atividades legislativas relacionadas às políticas públicas pela Câmara Municipal de Goiânia. Na esteira do pensamento de Gustin,[261] a utilização do estudo de caso é metodologicamente adequada para a análise de "processos" e "instituições", por meio do empreendimento de dados quantitativos e qualitativos. Nesses termos, realizam-se análises quantitativa e qualitativa das informações colhidas junto aos processos legislativos do parlamento goianiense durante o período de 2009 a 2018.

Faz-se amplo uso de análise documental, ao qual se seguirá a construção de um banco de dados autoral, com informações gerais sobre os processos legislativos que tramitam na Câmara Municipal de Goiânia, bem como informações específicas sobre a produção normativa das políticas públicas. Tal acervo compõe um dos produtos deste trabalho, representando o primeiro passo para a profissionalização da gestão legislativa quanto às informações produzidas pelo parlamento goianiense, as quais se manterão disponíveis para a população no aprimoramento do controle social das atividades parlamentares.

---

[261] GUSTIN, Miracy Barbosa de Sousa; DIAS, Maria Tereza Fonseca. *(Re)pensando a pesquisa jurídica*: teoria e prática. 4. ed. Belo Horizonte: Del Rey, 2015, p. 86.

Os dados utilizados são do tipo primário, armazenados em documento de formato *Excel*, permitindo constante atualização pela própria Casa Legislativa. A construção de um banco informacional se faz necessária em virtude do fato de que o acervo documental da Câmara Municipal de Goiânia constitui-se por arquivos informativos não adequadamente sistematizados em formato *doc.*, que por sua vez catalogam informações a partir de arquivos extraídos de sítio virtual próprio e digitalizados em formato PDF. Ressalta-se que a construção de um banco de dados permite que as informações sejam analisadas de maneira organizada, viabilizando análises mais confiáveis e verossímeis.

A coleta de dados representou um desafio significativo neste estudo, sobretudo quanto à dificuldade de se encontrar, em um único portal de acesso, as informações que interessavam à pesquisa. Apesar de todos os arquivos referentes aos processos legislativos estarem formalmente disponíveis no portal da transparência, não raro o acesso se deu de maneira incompleta ou corrompida, sendo necessário recorrer a relatórios complementares de autoria dos setores de documentação.

Nesses termos, as fontes de dados coletados são as seguintes: (1) processos legislativos obtidos junto ao sítio de busca processual da Câmara Municipal de Goiânia, havendo a complementação do acesso via relatórios institucionais; e (2) relatórios fornecidos pelos setores da Câmara responsáveis pelo gerenciamento dos espaços de deliberação social.

Importante destacar que as frequentes modificações no sítio eletrônico da Câmara Municipal de Goiânia no sentido de incorporar novas informações sinalizam oportunidades de constante aperfeiçoamento. Todavia, verifica-se maior necessidade de produção informativa em perspectiva, a possibilitar análises e reflexões a partir de construções históricas e inferenciais. Por conseguinte, espera-se que a memória processual legislativa seja integralmente disponibilizada no futuro, uma vez que a produção legislativa, enquanto dinâmica processual, revela muito sobre o desenvolvimento político, social e econômico do Estado.

4.2 A construção do banco de dados

A análise das dimensões processuais da dinâmica legislativa goianiense demandou o cruzamento de diferentes meios e fatores a orientarem resultados com grau de credibilidade científica. Considerando-se que as proposições legislativas formam a unidade de análise desta pesquisa, apresenta-se um banco de dados autoral com variáveis cujas características se relacionam, em alguma medida, com o objeto investigado. Destaca-se, assim, a categorização de 5.462 processos legislativos, que correspondem a duas legislaturas e meia ao longo do período compreendido entre 2009 e 2018.

Para a análise da dimensão processual interna, foi inserido, por meio do setor de busca processual, no campo de busca o número do processo legislativo, verificando-se em praticamente todos os autos o espelho de tramitação e o arquivo em formato PDF. Adicionalmente, foi requerida à "Divisão de Arquivo e Documentação" planilha de acompanhamento dos processos legislativos em tramitação, em formato *Word*. Esses arquivos digitais contêm o número do processo, autor, ementa e espelho de tramitação.

Tal recurso foi utilizado com parcimônia e cautela, considerando que integra a rede informacional interna da Câmara Municipal de Goiânia, sendo indisponível para acesso ao público geral. O seu rigoroso e controlado uso se justifica, assim, por dificultar a checagem externa das informações ali constantes, além de resguardar a distinção entre a atividade funcional do pesquisador e a rotina de pesquisa. De qualquer forma, as consultas feitas pelo site ao sistema de busca processual indicaram que as informações disponíveis coincidem com aquelas disponibilizadas pelo relatório do órgão de documentação, o que reforça a consistência da ferramenta de consulta eletrônica do parlamento goianiense.

Quanto aos dados coletados para o estudo da dinâmica processual externa, foi solicitado ao setor de eventos do parlamento o relatório de gerenciamento quantitativo dos espaços de deliberação social correspondente ao período indicado, sendo esse o único expediente oficial a retratar os conteúdos das temáticas discutidas em audiências e consultas públicas.

Registra-se, como crítica construtiva, a necessidade de transcrição dos atos deliberativos que ocorrem no parlamento, visto que as informações coletadas somente apontam, de forma superficial, o tema discutido em cada reunião. Acredita-se que seja de responsabilidade do setor taquigráfico a transcrição de atos como audiências e consultas públicas, de maneira a viabilizar um estudo de maior qualidade acerca do espaço comunicacional da Câmara Municipal de Goiânia com a sociedade.

Por fim, a plataforma criada para o armazenamento dos dados coletados foi constituída em arquivo único e próprio, em *software* de edição de planilhas. Cada processo foi analisado a partir de variáveis a seguir discriminadas, que compõem o dicionário do banco de dados disponibilizado no apêndice.

4.3 Do preenchimento do banco de dados

As informações que compõem o banco de dados foram coletadas mediante categorias previamente concebidas e fundamentadas na revisão da literatura científica, bem como em atos normativos que regulamentam a atividade parlamentar no município de Goiânia, sendo os principais: a) Lei Orgânica do Município e b) Regimento Interno do parlamento goianiense. Por meio da análise do roteiro inserido no apêndice 1, é possível analisar a distribuição dessas categorias em três grandes grupos de variáveis: dados gerais do processo legislativo, elementos mínimos de avaliação legislativa e tramitação processual.

Os dados gerais se referem ao número do processo legislativo, o ano de proposição, a espécie normativa proposta, a iniciativa, a autoria, o partido político do propositor e as áreas temáticas pertinentes. Já os dados de avaliação de impacto legislativo caracterizam a proposta enquanto política pública, a existência de diagnóstico prévio, objetivos, contextualização jurídica, impacto econômico, social e financeiro e previsão de técnicas de monitoramento e avaliação.

Por último, os dados sobre a tramitação consideram o processamento da proposta na Comissão de Constituição, Justiça e Redação do parlamento goianiense; a existência de emendas parlamentares; a data de início e conclusão dos autos; o tempo de tramitação; o encerramento da matéria; a existência de veto e a decisão legislativa de sua manutenção ou rejeição; a situação atual do processo legislativo; a ocorrência de audiências públicas; e a tramitação na Comissão de Legislação Participativa (CLP).

4.4 Da descrição das variáveis

4.4.1 Dos dados gerais

Quanto às espécies normativas, foram analisadas: Proposta de Emenda à Lei Orgânica e Projetos de Lei Ordinária; Lei Complementar; Resolução Legislativa e Decreto Legislativo. Não foram considerados, aqui, processos legislativos específicos de veto parcial e total para a formação do banco de dados.

Já a variável iniciativa indica qual o órgão municipal responsável pela proposição do ato normativo: Executivo e Legislativo, não havendo a identificação de propostas deflagradas por iniciativa popular. No tocante à variável sobre partido político, considera-se a filiação da data de sua propositura. Ou seja, foi considerado o partido ao qual o parlamentar propositor pertencia na data em que o processo legislativo começou a tramitar, sendo possível que, numa mesma legislatura, o agente político apresente propostas legislativas por diferentes legendas.

A variável área temática identificou 52 categorias diferentes, cuja descrição encontra-se em apêndice.[262] Considerando que sempre uma proposta normativa se enquadra em uma única categoria, foram analisadas até três variáveis associadas à área temática, classificando da mais para a menos preponderante, quanto ao teor da matéria a ser regulamentada. Importante destacar que, para a tarefa de identificação de cada área, um dos critérios que se adotou no sentido de atenuar qualquer tipo de subjetividade foi o da verificação da comissão temática atuante no processo.

4.4.2 Dos dados sobre avaliação legislativa

Reconhecida a importância dos critérios metodológicos de elaboração legislativa desenvolvidos pela Legística Material, necessário destacar, aqui, que as referidas técnicas não representam requisito obrigatório do processo legislativo. Todavia, a sua observância, ainda que de forma despretensiosa, gera um aspecto de qualidade normativa nas propostas apresentadas. Nesse sentido, tais critérios de racionalidade legislativa foram traduzidos em variáveis identificadas na análise do conteúdo da proposta e/ou da justificativa de cada um dos processos legislativos analisados.

Por considerar importante o estudo dessas variáveis sobre as normas que regulam políticas públicas, criou-se uma variável específica que reconhece a proposta como ato normativo que enuncia ou não uma política pública.

---

[262] Apêndice 1 – Dicionário de variáveis do repositório de dados.

Os critérios conceituais adotados para o processo de identificação de tais políticas foram discutidos anteriormente na reflexão teórica deste trabalho, sendo que a análise do seu aspecto normativo recaiu sobre os projetos que apresentaram, de forma predominante, um desenho legislativo com os seguintes elementos: a) princípios e diretrizes da política; b) objetivos da política; c) composição dos órgãos e autoridades envolvidos na implementação de uma determinada política e descrição genérica sobre suas competências e responsabilidades; d) rol de definições, incluindo a caracterização dos atores afetados pela política; e) instrumentos, vaga e genericamente considerados, de controle da ação administrativa; e f) penalidades e responsabilidades pela inobservância dos dispositivos legais.

Importante destacar, aqui, que buscou-se identificar as tentativas do parlamento goianiense em propor ou aperfeiçoar políticas públicas estruturadas, sendo, assim, desconsiderados projetos que regulamentam serviços públicos gerais, que criam direitos e deveres, bem como preveem ações políticas isoladas e desconexas frente a um problema público.

Voltando aos critérios de avaliação de impacto, importante a análise da variável acerca da existência de um diagnóstico prévio capaz de demonstrar a natureza e a extensão da questão-problema, por meio do levantamento de dados empíricos estruturados que permitam antecipar as consequências sociais e econômicas que perpassam pela política.

Essa variável está diretamente relacionada à outra, que trata dos objetivos da proposta, com foco na finalidade do ato normativo, ou seja, na intenção legislativa ou no resultado esperado. Todas as propostas legislativas atendem a pelo menos um objetivo, ainda que pouco relevante.

Realizada a análise dos objetivos da norma e da situação-problema, a terceira variável é a contextualização jurídica da matéria regulada. A fundamentação para a escolha da alternativa adotada pela política pública deve ser investigada, assim, à luz do arcabouço jurídico que envolve cada uma das soluções pensadas, mediante o estudo da legislação correlata e dos limites e vícios jurídicos que eventualmente possam interferir na vigência da lei proposta. Para os fins deste trabalho, não foi considerada a profundidade da análise jurídica realizada, mas simplesmente a sua existência ou não.

A quarta variável referente à descrição dos critérios de monitoramento e de avaliação futura da política proposta representa, por sua vez, elemento fundamental de qualidade normativa, com a previsão de indicadores de progresso para os principais objetivos da lei.

Por fim, a variável que trata do estudo de impacto apresenta três análises. Do ponto de vista econômico, trata-se da indicação do efeito da proposta sobre agentes, ambiente e resultados econômicos; sob o prisma social, dos beneficiários e indicadores de desenvolvimento humano e/ou similares; e, por fim, do aspecto financeiro/orçamentário, das consequências fiscais e orçamentárias da medida sobre a administração pública e seus órgãos, relacionando-se diretamente com o custo/benefício da medida a ser regulamentada.

4.4.3 Variáveis sobre tramitação processual na Câmara Municipal de Goiânia

A tramitação do processo legislativo na Câmara Municipal de Goiânia possui regras fundamentadas em três diplomas normativos estruturantes: a Constituição Federal, a Lei Orgânica Municipal e o Regimento Interno. Assim, o parlamento goianiense segue as regras gerais de elaboração legislativa prescritas por tais instrumentos, apresentando certas peculiaridades. Nesse sentido, foi idealizado um conjunto de variáveis que pudessem compreender as principais questões processuais durante a tramitação das propostas normativas.

Em linhas gerais, a proposta recebe um número de protocolo e precisa ser lida em plenário para início de seu trâmite na Casa Legislativa. Durante a sessão, os parlamentares decidem se a matéria é objeto de deliberação. Após esse procedimento, o texto é enviado à Comissão de Constituição, Justiça e Redação (procedimento ordinário) ou para a Comissão Mista (em certas matérias específicas contidas no art. 30 do Regimento Interno[263]).

---

[263] Art. 30. Compete à Comissão Mista e a Comissão de Habitação, Urbanismo e Ordenamento Urbano, em conjunto e sob a direção do Presidente da Comissão Mista, analisarem e emitirem pareceres, quanto ao mérito, sobre os Projetos referentes ao Estatuto da Cidade, Plano Diretor, Uso do Solo, Expansão Urbana e Regularização Fundiária.
§1º - À Comissão Mista compete ainda, com exclusividade, analisar e emitir parecer sobre projetos, emendas, subemendas e substitutivos referentes à Lei de Diretrizes Orçamentárias, ao Orçamento Anual, ao Plano Plurianual, às Emendas à Lei Orgânica e às alterações do Regimento Interno. Competindo ainda à Comissão Mista o exame e a emissão de parecer quanto ao mérito, sobre os projetos de Códigos e a analisar a demonstração e avaliação do cumprimento das metas fiscais de que trata o art. 9º, §4º, da Lei Complementar nº 101, de 04.05.2000, que se dará em audiência pública até o final dos meses de maio, setembro e fevereiro. Os projetos, emendas ou substitutivos considerados inconstitucionais ilegais ou antirregimentais pela maioria dos membros da Comissão

Regimentalmente,[264] a CCJ se manifesta sobre os projetos, emendas subemendas e substitutivos em tramitação, quanto aos aspectos constitucionais, legais, jurídicos, regimentais e de técnica legislativa. Diante de tais competências, foram consideradas cinco possibilidades no resultado da análise da proposição na CCJ: a) não apreciado; b) rejeitado/arquivado; c) apensamento; d) diligência requerida; e e) aprovado. Uma futura versão do banco de dados poderá indicar a diligência nas comissões como uma variável própria, a permitir novas análises.

A variável seguinte indica a inclusão de emendas no processo legislativo caso elas sejam submetidas. Há três momentos em que podem ser incluídas emendas na propositura: durante sua tramitação na CCJ, na apreciação em alguma outra comissão permanente ou durante a deliberação em plenário. Para a formação do banco de dados, foi considerada a mera proposição de emenda (substitutiva, modificativa, supressiva etc.), não sendo avaliada a sua inclusão na redação final. Busca-se, aqui, analisar a preocupação parlamentar em aprimorar o projeto normativo proposto.

Sobre a identificação de tais atos, importante mencionar que, em razão da omissão indicativa das emendas no espelho processual, o pesquisador cumpriu a obrigação de folhear todos os processos analisados para garantir a fidedignidade da informação produzida. Em razão disso, acredita-se que revisões futuras do banco de dados resultarão em maior grau de acurácia desses dados coletados.

As datas de início e conclusão dos processos legislativos também receberam variáveis próprias. Foi considerada a data do protocolo como começo da tramitação do processo, sob a forma dia/mês/ano. Já a conclusão do processo adotou como critérios a data de seu arquivamento pelo órgão de documentação da Casa. Quando não houve uma decisão legislativa definitiva, foi considerado que o projeto continuava em tramitação. Foi estabelecida a data de 1º de setembro de 2020 como último prazo de conferência dos autos.

Importante mencionar, também, que autógrafos que receberam veto parcial ou total não foram contabilizados na datação. Uma futura versão do banco de dados poderá considerar o trâmite dos vetos, que recebem numeração de protocolo própria, permitindo assim identificar o tempo médio de sua apreciação.

Mista, após comunicação aos seus autores, na forma do disposto no §2º do artigo 25, serão encaminhadas à diretoria Legislativa para arquivamento.

[264] Conforme art. 25 do Regimento Interno.

Por fim, o tempo total de tramitação foi realizado automaticamente pela planilha de dados, considerando o dia de início e o dia final. Por isso, contabilizam-se dias e não diferenciam-se feriados e finais de semana na contagem total.

Outra variável indica se a matéria foi encerrada ou não. Ou seja, se houve uma decisão final para os autos do processo ou se ainda esta apresenta pendências.

Quanto à variável que contempla o aperfeiçoamento do ato normativo deu-se o nome de "apreciação da propositura". Aqui encontram-se presentes as seguintes categorias: a) em trâmite sem apreciação do Plenário; b) pedido de devolução pelo autor da iniciativa; c) arquivada sem apreciação do Plenário; c) rejeitada pelo plenário; d) vetada integralmente; e) vetada parcialmente; f) promulgada pelo Poder Legislativo pela rejeição de veto; e g) aprovada integralmente.

A justificar a disposição das referidas categorias, tentou-se estabelecer critérios graduais que demonstrassem o quão avançado é o grau de aperfeiçoamento do ato normativo no momento da análise. As informações sobre veto foram extraídas do espelho processual disponibilizado pelo sítio eletrônico institucional da casa, bem como pelos relatórios fornecidos pelo setor de documentação.

Por fim, as duas últimas variáveis a compor o banco de dados se referem aos espaços de deliberação social do parlamento goianiense. Considerando que a realidade parlamentar da Câmara Municipal de Goiânia dispõe, como já mencionado, de uma estrutura informacional resumida e pouco sistematizada sobre a dinâmica das atividades realizadas em tais ambientes, fez-se a opção por um estudo geral e quantitativo dos dados disponibilizados acerca daqueles que demonstram ser os espaços mais ativos ao longo do trâmite legislativo.

Assim, a primeira variável indica se houve ou não a realização de audiências públicas durante o trâmite da temática regulada, classificando-as em audiências ocorridas em ambiente intraprocessual ou extraprocessual. Já na segunda, a análise parte da existência ou não de manifestação da Comissão de Legislação Participativa (CLP) sobre o provimento examinado, sendo essa informação importante para o esclarecimento da frequência em que o referido órgão é acionado.

4.5 Técnicas de análise de dados

Foi realizada, a partir do método de abordagem hipotético-dedutivo, investigação por procedimentos de estatística descritiva quanto aos aspectos gerais da atividade legislativa da Câmara Municipal de Goiânia, sendo o estudo das justificativas parlamentares desenvolvido a partir da análise de conteúdo das informações colhidas nos processos legislativos. Os dados obtidos foram justapostos e separados por ano para a construção de gráficos que indicam elementos do comportamento legislativo da Câmara Municipal de Goiânia.

Mediante a categorização e o cruzamento das variáveis discriminadas no tópico anterior, utilizou-se como técnicas para a análise realizada distribuições de frequências em quantitativos e porcentagens, de maneira a sistematizar e catalogar as informações produzidas.[265] Também foram consideradas medidas de tendência central, como média e mediana, com o fim de construir generalizações sobre o trâmite legislativo goianiense.

Os indicadores constituídos para avaliar a produtividade da Câmara Municipal de Goiânia em matérias legislativas gerais e de políticas públicas foram distribuídos a partir da dinâmica normativa observada e dos eixos de análise propostos por este estudo: "eixo da instrumentalidade da atividade normativa" e "eixo da legitimidade democrática".

Para melhor visualização, a seguir quadro com a divisão dos principais indicadores utilizados por setores de análise:

---

[265] TRIOLA, Mario F. *Introdução à estatística*. 12. ed. Rio de Janeiro: Editora LTC, 2017, p. 42.

Características gerais dos atos normativos e tramitação das matérias
a) número de proposituras legislativas por espécie normativa
b) número de proposituras legislativas de iniciativa dos poderes Executivo e Legislativo
c) tempo de tramitação em dias por iniciativa
d) distribuição de áreas temáticas por proposta legislativa
e) número de propostas abertas e encerradas
f) número de processos legislativos arquivados em relação aos propostos por ano
g) número de processos legislativos sancionados por ano
h) número de proposituras aprovadas por espécie normativa
i) número de vetos mantidos e rejeitados por ano
j) número de propostas rejeitadas/arquivadas e aprovadas pela CCJ por ano
k) numero de processos que receberam emendas por ano
l) número de propostas legislativas relacionadas a políticas públicas, com iniciativa
m) número de propostas legislativas aprovadas e relacionadas a políticas públicas, com iniciativa
n) número de proposituras relacionadas a políticas públicas por área temática
Instrumentalidade da atividade normativa
a) número de critérios de avaliação legislativa por processo legislativo
b) número de critérios em propostas legislativas gerais e relativas a políticas públicas
c) frequência total de critérios de avaliação legislativa em processos legislativos
d) número de critérios de avaliação legislativa nas propostas em geral, por iniciativa
e) número de critérios de avaliação legislativa nas propostas de políticas públicas, por iniciativa
f) número de processos arquivados pela CCJ com a distribuição de critérios de avaliação legislativa
g) número de processos de políticas públicas arquivados pela CCJ com a distribuição de critérios de avaliação legislativa
h) número de propostas convertidas em ato normativo por número de critérios de avaliação legislativa
i) número de propostas de políticas públicas convertidas em ato normativo por número de critérios de avaliação legislativa
Legitimidade democrática[266]
a) número de audiências públicas
b) número de audiências públicas por processo legislativo
c) número de audiências públicas por processo legislativo em matérias de políticas públicas
d) número de audiências públicas realizadas em processos por número de propostas com emendas
e) número de processos com atuação de Comissão de Legislação Participativa (CLP) por ano

    Estabelecidas, assim, as condições metodológicas da pesquisa e dos dados coletados, passa-se à apresentação do quadro informacional obtido pelo empreendimento deste trabalho, a proporcionar a análise dos resultados encontrados.

---

[266] Importante ressaltar que, quanto ao aspecto da dimensão informacional do processo legislativo, que também compõe esse último eixo de análise, foram analisados alguns aspectos complementares quanto aos meios de comunicação digital utilizados atualmente pela Câmara Municipal de Goiânia. Entende-se que tais plataformas representam uma das principais formas de interação da sociedade com as atividades parlamentares.

CAPÍTULO 5

ATIVIDADE LEGISLATIVA E POLÍTICAS PÚBLICAS NA CÂMARA MUNICIPAL DE GOIÂNIA

Busca-se analisar, por meio deste capítulo, os resultados verificados a partir do banco de dados construído para este trabalho. Como proposta inicial, realiza-se o estudo geral das espécies normativas deliberadas pela Câmara Municipal de Goiânia, apresentando-se também características quanto ao desempenho do parlamento goianiense a partir da sua tramitação processual. Para essa análise, consideram-se variáveis como: período de tramitação, autoria e área temática das propostas, emendas legislativas, arquivamento, bem como a deliberação dos processos na Comissão de Constituição, Justiça e Redação (CCJ) e nas sessões plenárias.

Todos esses aspectos se revelam importantes para a contextualização do objeto da pesquisa, que trata da compreensão da racionalidade legislativa das normas que estabelecem políticas públicas, cuja investigação se materializa pelo estudo empírico dos eixos teóricos já caracterizados: "instrumentalidade da atividade normativa" e "legitimidade democrática".

Nesse sentido, analisando-se, primeiramente, o conceito de "instrumentalidade da atividade normativa", propõe-se o cruzamento de variáveis relacionadas ao processo legislativo com aquelas que se referem aos critérios de avaliação legislativa mencionados, considerando proposituras gerais e relativas a políticas públicas.

Quanto aos elementos que integram o conceito de "legitimidade democrática", examinam-se os indicadores formulados para o estudo do funcionamento dos espaços de deliberação social dentro da lógica processual normativa, de maneira a dimensionar as possibilidades de interação dos entes sociais envolvidos para a formação da decisão legislativa, bem como o nível de informação produzida mediante a abertura do processo de deliberação normativa.

Definido, nesses termos, o roteiro do estudo empírico, destaca-se que a análise dos dados coletados possui papel fundamental na justificação e no desenvolvimento do produto deste trabalho, que consiste na regulamentação geral de práticas metodológicas de avaliação legislativa direcionadas à normatização das políticas públicas goianienses.

5.1 Dinâmica geral da atividade legislativa da Câmara Municipal de Goiânia

5.1.1 Aspectos gerais sobre iniciativa legislativa e espécies normativas

O art. 86 da Lei Orgânica do município de Goiânia estabelece cinco espécies de atos normativos, sendo elas: emendas à Lei Orgânica; leis complementares; leis ordinárias; resoluções e decretos legislativos. O seu parágrafo único determina que a elaboração, redação, alteração e consolidação das leis serão regulamentadas por lei complementar.

No processo de deliberação legislativa, o parlamento constrói a sua decisão legislativa, a ser sancionada ou vetada pelo chefe do Poder Executivo. Assim, apesar de cada espécie normativa dispor de procedimentos e conteúdo material próprios, tem-se que todas elas devem ser submetidas às regras da técnica legislativa.

Nesses termos, a dinâmica geral dos atos normativos deliberados pelo parlamento goianiense parte, inicialmente, da contextualização histórica do quantitativo de propostas deflagradas por ano ao longo do período compreendido entre 2009 e 2018, contabilizando 5.462 processos. Ao catalogar os provimentos por espécie normativa, a tabela 1 sinaliza os primeiros aspectos proporcionais acerca do conteúdo normativo deliberado pela Câmara Municipal de Goiânia.

Nota-se, como esperado, que o percentual geral elevado de leis ordinárias (74, 81%) sinaliza ser essa espécie normativa o objeto de deliberação mais comum na rotina das sessões parlamentares, ocupando ¾ da rotina legislativa goianiense. Por outro lado, à exceção do ano de 2018, o número proporcional diminuto (1,41%) de Propostas de Emenda à Lei Orgânica reforça a ideia de que as iniciativas de modificação constitucional deveriam ser verificadas a título residual, garantindo a estabilidade da ordem democrática.

TABELA 1
Proporção de propostas normativas por espécie/ano

Ano	Espécies normativas					Total
	Projeto de Decreto Legislativo	Projeto de Lei Complementar	Projeto de Lei Ordinária	Projeto de Resolução	Proposta de Emenda à Lei Orgânica	
2009	13,29% (88)	4,98% (33)	74,77% (495)	4,98% (33)	1,96% (13)	100% (662)
2010	13,10% (68)	4,82% (25)	77,65% (403)	3,47% (18)	0,96% (5)	100% (519)
2011	17,76% (81)	5,7% (26)	70,39% (321)	4,82% (22)	1,32% (6)	100% (456)
2012	15,49% (46)	9,09% (27)	71,38% (212)	2,69% (8)	1,35% (4)	100% (297)
2013	18,29% (128)	7,14% (50)	71,57% (501)	2% (14)	1% (7)	100% (700)
2014	9,25% (58)	4,15% (26%)	84,05% (527)	1,75% (11)	0,80% (5)	100% (627)
2015	13,66% (90)	6,22% (41)	74,96% (494)	3,95% (26)	1,21% (8)	100% (659)
2016	19,44% (76)	8,44% (33)	68,03% (266)	2,05% (8%)	2,05% (8%)	100% (391)
2017	7,62% (52)	6,89% (47)	78,59% (536)	4,55% (31)	2,35% (16)	100% (682)
2018	8,53% (40)	9,81% (46)	70,58% (331)	10,02% (47)	1,07% (5)	100% (469)
Total	13,31% (727)	6,48% (354)	74,81% (4086)	3,99% (218)	1,41% (77)	100% 5462

Fonte: elaboração própria.

Uma observação importante é a possibilidade de constatação de certo padrão numérico de propostas iniciadas, quando analisadas a partir da perspectiva de cada legislatura. Verifica-se pela análise do gráfico 1 que os últimos anos das legislaturas compreendidas no período de 2009-2012 sinalizam expressiva queda da produção normativa com o passar das sessões legislativas, sobretudo naquela que, além de ser a última, compreende as eleições municipais.

Assim, mesmo com a flutuação apresentada pela legislatura 2013-2016 quanto ao ano de 2015, que contou com maior número de propostas em relação ao ano anterior, acredita-se que a função legislativa tende a ser menos valorizada à medida que os parlamentares se apropriam, ao longo de seus mandatos, das práticas fiscalizatórias, bem como das articulações de novas posições políticas.

GRÁFICO 1 – Comparação numérica de proposituras legislativas por espécie/ano

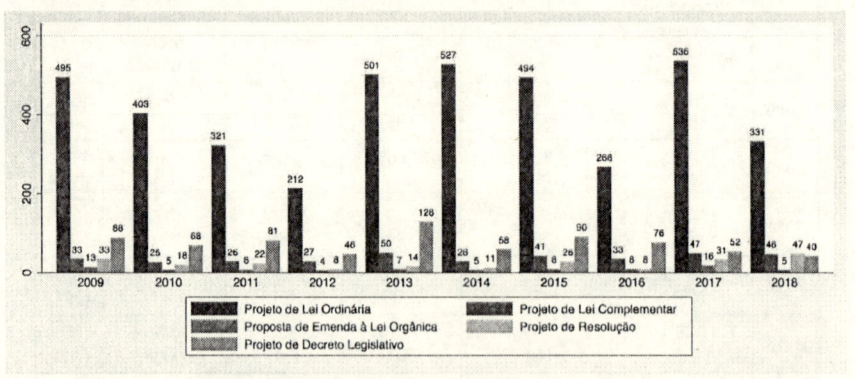

Fonte: elaboração própria.

Se observada a distribuição de processos legislativos por iniciativa, necessário ressaltar que o ordenamento municipal dispõe acerca de três possibilidades: propostas iniciadas por vereadores, por prefeitos e por 5% (cinco por cento) do eleitorado do Município (art. 86 e seguintes da Lei Orgânica Municipal e art. 74 do Regimento Interno). Considerando a inexistência, ao longo do período analisado, de iniciativas legislativas populares, constatam-se como predominantes as propostas iniciadas pelo parlamento, havendo uma considerável participação do Poder Executivo em relação ao todo (tabela 2).

Observa-se que, no recorte temporal, o Poder Executivo apresentou anualmente a média de 51,1 propostas. Em comparação, o Poder Legislativo teve média de 495,1 processos legislativos/ano. Quanto às inclinações presentes no gráfico 2, verifica-se que o parlamento tende a oscilar mais quanto ao número de proposições deflagradas, ao passo que o Poder Executivo demonstra haver maior constância quanto ao quantitativo de propostas iniciadas. Acredita-se que o histórico de reeleições ocorridas ao longo desse período e a disposição de um nível de assessoramento mais técnico e informado contribuam para uma maior estabilidade da dinâmica das proposituras normativas da Prefeitura de Goiânia.

GRÁFICO 2 – Número de proposituras legislativas de iniciativa dos Poderes Executivo e Legislativo, por ano

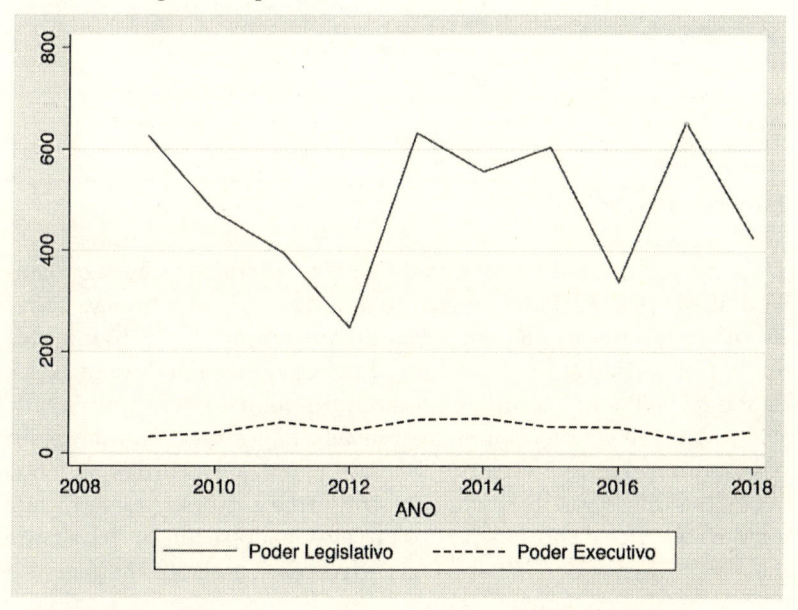

Fonte: elaboração própria.

TABELA 2
Número de proposituras legislativas de iniciativa dos
Poderes Executivo e Legislativo, por ano

(continua)

Ano	Propostas do Poder Legislativo	Propostas do Poder Executivo
2009	94,56% (626)	5,44% (36)
2010	91,52% (475)	8,48% (44)
2011	86,84% (396)	13,16% (60)
2012	83,16% (247)	16,84% (50)
2013	90,29% (632)	9,71% (68)

(conclusão)

Ano	Propostas do Poder Legislativo	Propostas do Poder Executivo
2014	88,68% (556)	11,32% (71)
2015	91,65% (604)	8,35% (55)
2016	86,45% (338)	13,55% (53)
2017	95,75% (653)	4,25% (29)
2018	90,41% (424)	9,59% (45)

Fonte: elaboração própria.

Se por um lado é observada a preponderância das propostas legislativas pelo parlamento quanto à iniciativa, o mesmo não poder ser afirmado quanto à proporção de aprovação dos provimentos deliberados (tabela 3). Na esteira do pensamento de Figueiredo e Limongi,[267] o Poder Executivo, apesar de propor menos, se aproveita de suas favoráveis condições administrativas, financeiras e informacionais para se apropriar do processo legislativo, a ponto de controlar a agenda normativo-decisória. Efetivamente, conforme a proporção verificada quanto ao índice de aprovação dos projetos, pode-se inferir que a parte mais significativa do trabalho legislativo passa ao largo da iniciativa da maioria dos parlamentares.

Destaca-se que a análise da tabela 3 compreende como aprovada a propositura legislativa a partir de sua conversão em ato normativo vigente. Tais dados representam a taxa de conversão da propositura em ato normativo válido, mediante sanção/promulgação, do total de proposituras iniciadas pelo Legislativo e pelo Executivo. Como resultado que se refere à não aprovação das propostas, no entanto, analisa-se a não conversão do processo em ato normativo, seja por arquivamento, devolução ao autor, rejeição do plenário, veto ou ausência de apreciação.

---

[267] FIGUEIREDO, Argelina C.; LIMONGI, Fernando. *Executivo e Legislativo na Nova Ordem Constitucional*. Rio de Janeiro: Editora FGV, 1999.

TABELA 3
Taxa de aprovação das proposituras

Inciativa	Aprovação	Não aprovação	Total
Poder Executivo	77,69% (397)	22,31% (114)	100% (511)
Poder Legislativo	37,62% (1.862)	62,38% (3.088)	100% (4.950)
Total	41,37% (2.259)	58,63% (3.202)	100% 5.461

Fonte: elaboração própria.

5.1.2 Exposição das proposituras por espécie normativa

Ao melhor analisar a dinâmica processual legislativa, tem-se como objetivo, neste tópico, correlacionar os aspectos da tramitação de cada espécie normativa com sua iniciativa originária. São examinadas as seguintes tipologias: lei ordinária; lei complementar e emenda à lei orgânica. Os demais instrumentos normativos (resolução e decreto legislativo), por serem de iniciativa exclusiva do Poder Legislativo, serão descartados do estudo comparativo quanto ao aspecto investigado.

Em relação aos projetos de leis ordinárias, verifica-se uma maior distribuição de proposições de iniciativa do Legislativo em relação ao Executivo (gráfico 3). Todavia, a proporção média de aprovação das referidas espécies normativas em favor desse último poder é de 80%, o que confirma a sua predominância em relação à agenda decisória.

GRÁFICO 3 – Volume de Projetos de Leis Ordinárias aprovados anualmente por iniciativa

Fonte: elaboração própria.

TABELA 4
Proporção de Projetos de Leis Ordinárias
aprovados anualmente por iniciativa

Iniciativa	2009	2010	2011	2012	2013	2014	2015	2016	2017	2018
Poder Legislativo	32%	19%	28%	26%	93%	24%	33%	38%	32%	24%
Poder Executivo	74%	83%	84%	77%	80%	79%	88%	68%	84%	78%

Fonte: elaboração própria.

O mesmo fenômeno é observado em relação aos projetos de lei complementar (gráfico 4), percebendo-se uma maior frequência de proposições de iniciativa do Poder Legislativo, sendo a média de aprovação mais elevada quanto às propostas do Poder Executivo, que atinge a proporção média de 78%.

GRÁFICO 4 – Proporção de Projetos de Leis Complementares aprovados anualmente por iniciativa

Projetos de Lei Complementar

(gráfico de barras com dados anuais de 2009 a 2018, comparando Propostas do Legislativo, Aprovados do Legislativo, Propostas do Executivo e Aprovados do Executivo)

Fonte: elaboração própria.

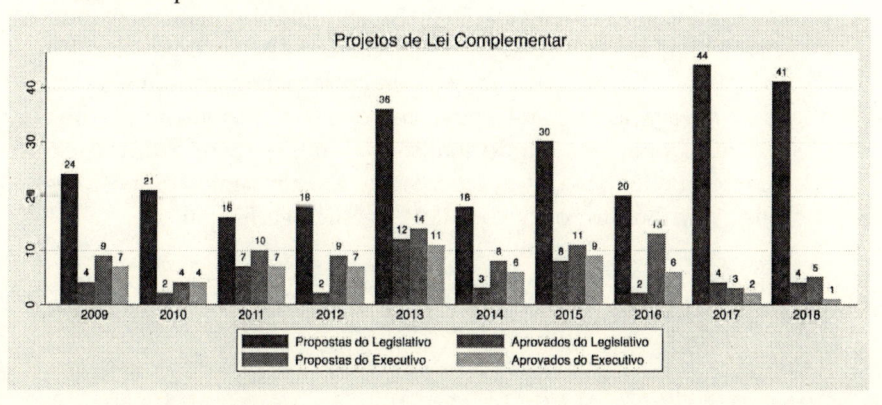

TABELA 5
Proporção de Projetos de Leis Complementares
aprovados anualmente por iniciativa

Iniciativa	2009	2010	2011	2012	2013	2014	2015	2016	2017	2018
Poder Legislativo	16%	9%	43%	11%	33%	16%	26%	10%	9%	9%
Poder Executivo	77%	100%	70%	77%	78%	75%	81%	46%	66%	20%

Fonte: elaboração própria.

Quanto às Propostas de Emenda à Lei Orgânica (gráfico 5), importante a análise do art. 87 da Lei Orgânica Municipal, que traz três possibilidades quanto à iniciativa: um terço dos vereadores; o prefeito e cinco por cento do eleitorado municipal. Diferente da lei ordinária, que requer maioria simples para a sua aprovação (art. 62 da Lei Orgânica Municipal), e da lei complementar, que requer maioria absoluta (art. 91, parágrafo único, da Lei Orgânica Municipal), a Proposta de Emenda à Lei Orgânica Municipal é discutida e votada em dois turnos de discussão e votação, com interstício mínimo de dez dias, considerando-se aprovada quando obtiver, em ambos, dois terços dos votos do parlamento.

Esse procedimento mais rígido justifica a baixa quantidade de propostas promulgadas anualmente e um percentual de aprovação flutuante, indicando a preocupação do constituinte originário no sentido de evitar alterações constitucionais desnecessárias. Nota-se que, em 2009 e 2015, anos em que houve maior proporção de emendas promulgadas, a taxa de aprovação se manteve na casa dos 60%, proporção máxima observada ao longo do período analisado. Também merece destaque o fato de que o Poder Executivo praticamente não apresentou proposições com vistas a modificar o texto da Lei Orgânica Municipal.

GRÁFICO 5 – Proporção de Propostas de Emenda à Lei Orgânica aprovadas anualmente por iniciativa

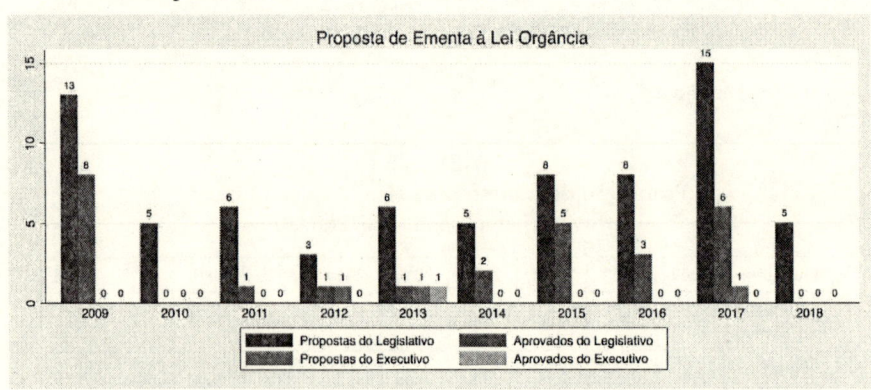

TABELA 6
Proporção de Propostas de Emenda à Lei Orgânica
aprovadas anualmente por iniciativa

Iniciativa	2009	2010	2011	2012	2013	2014	2015	2016	2017	2018
Poder Legislativo	61%	0%	16%	33%	16%	40%	62%	37%	40%	0%
Poder Executivo	X	X	X	0%	100%	X	X	X	0%	X

Fonte: elaboração própria.

5.2 A tramitação legislativa na Câmara Municipal de Goiânia (2009-2018)

A tramitação dos processos legislativos identificados no recorte temporal estudado é a seguir detalhada pela reflexão que parte dos principais resultados encontrados quanto aos aspectos gerais, dentre eles: a) tramitação dos processos no tempo; b) dinâmica das comissões permanentes; e c) apreciação das propostas legislativas pelo plenário. Tais assuntos são abordados com o objetivo de contextualizar a pesquisa.

5.2.1 Tramitação processual no tempo

A tabela 7 indica o prazo médio de tramitação dos processos legislativos, se considerado o seu protocolo e leitura em plenário até o seu encerramento ao longo do período analisado. O referido prazo corresponde a 474 dias, sendo que essa medida teria sofrido considerável redução caso tivesse existido um plano institucional que não deixasse uma proposta tramitar ao longo de três legislaturas, como ocorrido em número relevante de proposições.

De qualquer modo, se realizada a análise dos dados em perspectiva, percebe-se a existência de certa tendência que indica a diminuição do tempo médio de tramitação das propostas com o decorrer dos anos. Estima-se, quanto a esse fato, que o aperfeiçoamento das ferramentas de gestão legislativa e a qualificação dos trabalhos ao longo do tempo tenham sido os principais fatores a influenciarem nesse decréscimo temporal capaz de acelerar o trâmite das proposituras.

Quanto aos dados que apresentam valores extremos, tem-se que as medidas que indicam tempo mínimo são pouco expressivas para o processo, já que sinalizam percalços formais, como desistências em razão de erros materiais, ou até mesmo a ocorrência de algum equívoco no ato de registro. Por outro lado, a incidência de valores máximos superiores a três dígitos demonstra as falhas de gestão processual ainda não sanadas pelo parlamento, que pouco se preocupa com o tempo de tramitação geral das matérias.

TABELA 7
Tempo de tramitação médio (em dias) por ano

Ano	2009	2010	2011	2012	2013	2014	2015	2016	2017	2018
Média por ano em dias	651,6	736,5	690,8	579,2	511,9	436,7	286,9	257,1	345,9	247,4
Tempo mínimo	2	3	21	26	1	8	1	11	1	2
Tempo máximo	3.347	3.850	3.246	3.647	2.228	1.762	1.556	1.078	1.006	820
Média geral	474,63									
Mediana	296									

Fonte: elaboração própria.

O gráfico 6, por sua vez, representa um histograma de densidade pelo tempo de tramitação, que revela uma concentração da frequência de dias à esquerda, sugerindo, de maneira geral, um menor tempo para debate e aperfeiçoamento das proposituras. Nesses termos, entende-se que, quanto maior a distribuição, maiores são as condições de aprimoramento da proposta, podendo também haver o alargamento do prazo processual em razão da falta de prioridade acerca do trâmite das proposituras legislativas.

Considerando-se o fato de que o parlamento possui o maior tempo médio de tramitação das proposições apresentadas (tabela 8) e que o Poder Executivo nem sempre solicita o pedido de urgência regimentalmente previsto a acelerar o trâmite de suas propostas (art. 77 do Regimento Interno), acredita-se que esse tempo de duração processual mais prolongada por parte das propostas parlamentares ocorra, na maioria das vezes, em razão da negligência quanto ao trâmite das matérias.

A análise do referido gráfico parece demonstrar, portanto, que a celeridade da tramitação das proposituras iniciadas pelo Executivo justifica a sua assimetria, comprovando-se a assertiva de que existe certo controle do referido poder sobre a agenda deliberativa do parlamento.

GRÁFICO 6 – Histograma de tempo de tramitação em dias por iniciativa

Fonte: elaboração própria.

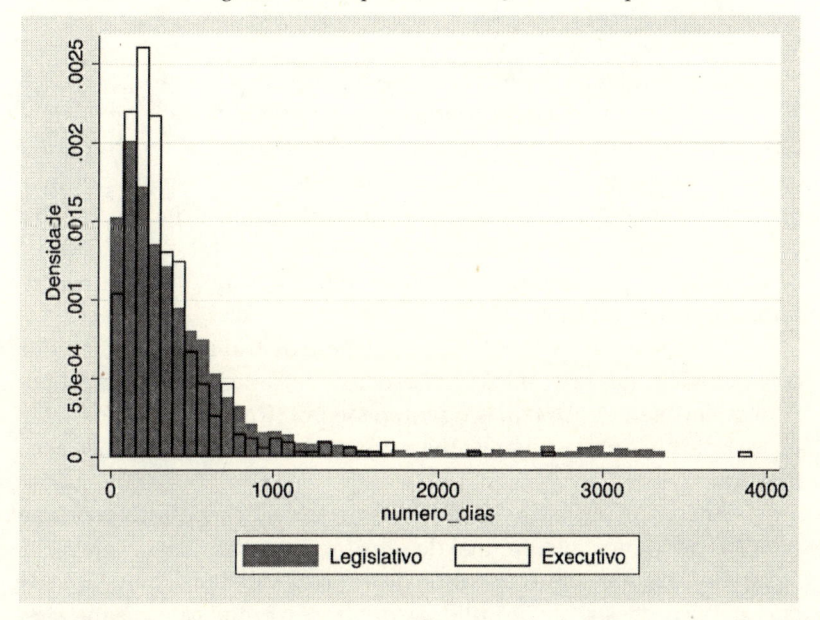

TABELA 8
Tempo de tramitação de propostas por poder

Poder proponente	Tempo médio de tramitação em dias	Tempo mínimo de tramitação em dias	Tempo máximo de tramitação em dias
Poder Legislativo	352	1	3.347
Poder Executivo	494	9	3.850

Fonte: elaboração própria.

5.2.2 Propostas legislativas e áreas temáticas

A investigação das propostas legislativas por áreas temáticas não objetiva somente a análise categórica do conteúdo do apresentado. Possibilita, também, verificar quais as matérias tornam as comissões temáticas mais atuantes, visto que, na esteira de De Freitas, Tancredi e

Cavalcante Filho,[268] é através delas que se garante o estudo aprofundado e técnico do objeto proposto, a permitir deliberações mais racionais, sem preconceitos e desinformação.

A possibilitar, assim, a análise dos temas propostos, o gráfico 7 revela a distribuição quantitativa geral por área temática principal das proposituras analisadas ao longo do período proposto, dividindo os processos em seis macrotemas: matérias de relevância política; orçamento/finanças; Administração Pública; direitos sociais e coletivos; regulamentação; e desenvolvimento e estrutura. Tal classificação é resultado do agrupamento dos setores temáticos detalhados e discriminados no apêndice 2.

Observa-se que, apesar de existir certa distribuição das matérias consideradas mais relevantes para a sociedade, destoam as 1.268 proposituras pertinentes aos temas de interesse político, bem como os 1.268 processos que se relacionam com o funcionamento da Administração Pública.

Em sua maior parte, as matérias de relevância política possuem relação com o prestígio político de seus proponentes. Nessa categoria, agrupam-se temas como concessão de título de cidadania, nomeação de bem público, declaração de utilidade pública e a promoção de honrarias/homenagens, dentre outros. Já as matérias que compõem o grupo da Administração Pública são relativas à constituição do aparelho estatal, integrando matérias como os direitos dos servidores públicos, a definição da estrutura administrativa e a regulamentação de serviços públicos.

Assim, considerando-se que o número de processos legislativos que tratam primariamente de direitos sociais e coletivos e de desenvolvimento e estrutura caminha no mesmo patamar das matérias descritas, nota-se haver baixa prioridade por parte do parlamento goianiense quanto à regulamentação de propostas que garantem benefícios diretos à população.

Por fim, justifica-se o baixo número de propostas relacionadas às categorias orçamento/finanças e regulamentação em razão de previsões jurídicas prévias e de periodicidade regular quanto à normatização dessas categorias.

---

[268] DE FREITAS, Igor Vilas Boas; TANCREDI, Márcio; CAVALCANTE FILHO, João Trindade; MENEGUIN, Fernando B. *Avaliação de políticas públicas no Senado Federal*: Proposta de abordagem. Brasília. Núcleo de Estudos e pesquisas da Consultoria Legislativa do Senado Federal, ago. 2013, p. 24.

GRÁFICO 7 – Distribuição de áreas temáticas por proposta legislativa

[Gráfico de barras com os valores: Matérias de relevância política 1268; Orçamento/finanças 274; Administração Pública 1268; Direitos sociais e coletivos 1213; Regulamentação 147; Desenvolvimento e estrutura 1288]

Fonte: elaboração própria.

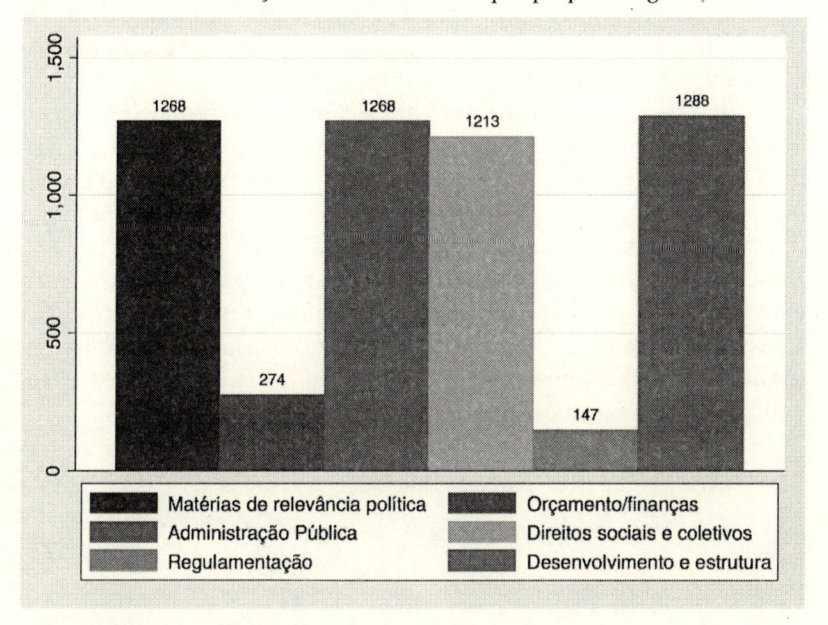

TABELA 9
Proporção de áreas temáticas por proposta legislativa

Matérias de relevância política	Orçamento/ Finanças	Administ. Pública	Direitos sociais e coletivos	Regulamentação	Desenvolvimento e estrutura
23% (1.268)	5% (274)	23% (1.268)	22% (1.213)	3% (147)	24% (1.288)

Fonte: elaboração própria.

5.2.3 Arquivamento

Todo processo legislativo deve ser encerrado, independentemente do resultado. O art. 91 do Regimento Interno da Câmara Municipal de Goiânia determina que, no início de cada legislatura, a Mesa Diretora promova o arquivamento de todas as proposições apresentadas na legislatura anterior que estejam com parecer contrário da Comissão de

Constituição, Justiça e Redação e Redação (CCJR),[269] com ou sem parecer, ainda não submetidas à apreciação do Plenário. Assim, embora não seja a única forma de encerramento do processo legislativo, o encerramento ao término da legislatura é prática que se impõe.

Também podem acarretar o arquivamento da propositura legislativa a rejeição na CCJ ou na comissão temática pertinente (art. 25, §1º, do Regimento Interno), bem como a rejeição nas votações em plenário (art. 111 do Regimento Interno). A competência para o arquivamento dos processos, nesses casos, é da Diretoria Legislativa.

Feitas essas considerações, observa-se que as informações extraídas pelo gráfico 8 demonstram o quantitativo de propostas abertas e encerradas. Se analisados os encerramentos processuais nos términos das legislaturas que se encerraram nos anos de 2012 e 2016, verifica-se uma baixa quantia de propostas findas.

GRÁFICO 8 – Número de propostas abertas e encerradas

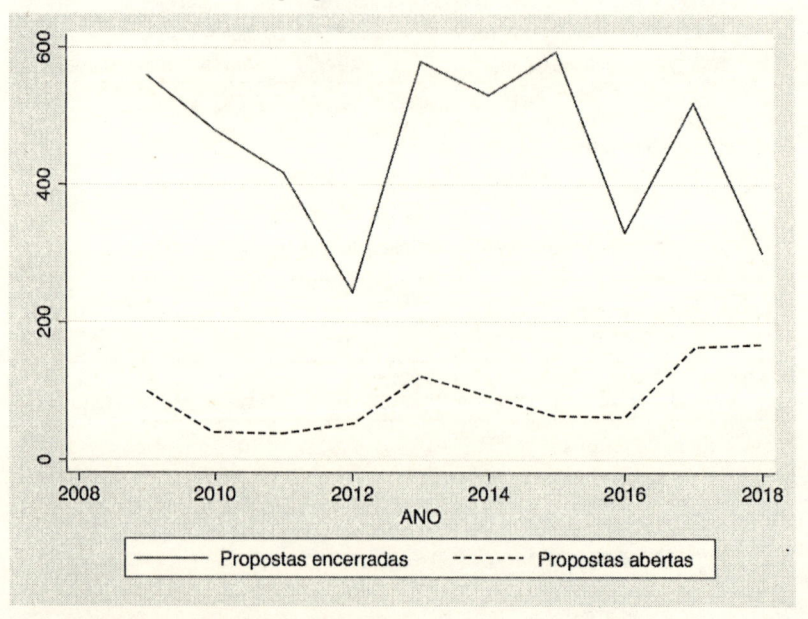

Fonte: elaboração própria.

---

[269] Por questões didáticas, utiliza-se nesta obra a sigla CCJ, por ser amplamente mais adotada nos demais parlamentos brasileiros.

TABELA 10
Proporção de propostas abertas e encerradas

Propostas Legislativas	2009	2010	2011	2012	2013	2014	2015	2016	2017	2018
Propostas abertas	15% (102)	8% (40)	9% (39)	18% (54)	17% (120)	15% (97)	10% (65)	16% (61)	24% (163)	36% (169)
Propostas encerradas	85% (560)	92% (479)	91% (417)	82% (243)	83% (580)	85% (530)	90% (594)	84% (330)	76% (519)	64% (300)

Fonte: elaboração própria.

Estima-se, assim, que tal fato decorra do baixo número de propostas iniciadas nos referidos anos, bem como do arquivamento tempestivo das matérias dentro do ciclo de cada legislatura, de maneira a reduzir o número de propostas abertas a serem encerradas no fim do referido período. Por fim, considerando que o recorte do estudo abarcou dois anos (2017 e 2018) da atual legislatura, é possível verificar maior frequência de processos em aberto ao longo desse período.

O gráfico 9 apresenta o resultado dos processos arquivados em relação aos propostos por ano, considerando-se como arquivadas aquelas matérias rejeitadas pelas comissões, pelo plenário ou em razão do término da legislatura.

GRÁFICO 9 – Processos legislativos arquivados em relação aos propostos por ano

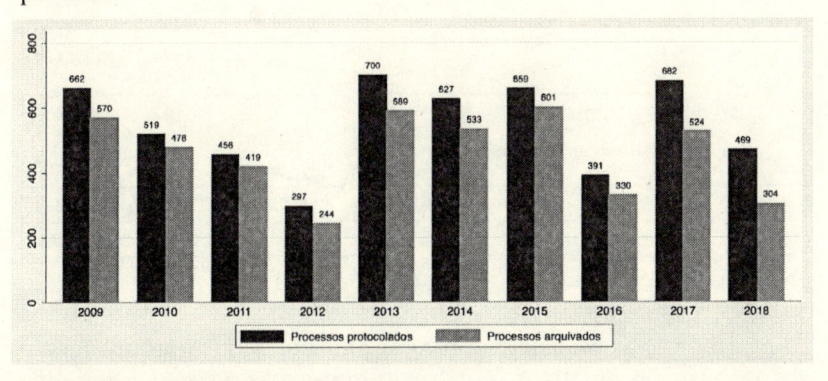

Fonte: elaboração própria.

Se analisados em termos proporcionais, os maiores percentuais de arquivamento (gráfico 10) dos processos legislativos se deram nos anos de 2010, 2011 e 2015, marcos em que a proporção superou a casa de 90%. Por outro lado, o menor percentual se deu nos anos de 2017 e 2018, considerando que as respectivas quantias aproximadas de 77% e 65% serão aumentadas em razão da passagem de legislatura.

Assim, importante destacar que ainda remanescem altas taxas de processos abertos referentes às legislaturas passadas, tornando-se fundamental o reconhecimento da necessidade da adoção de medidas que componham uma força-tarefa institucional, cujo objetivo seria o de eliminar esse quantitativo.

GRÁFICO 10 – Percentual de processos legislativos arquivados em relação aos propostos

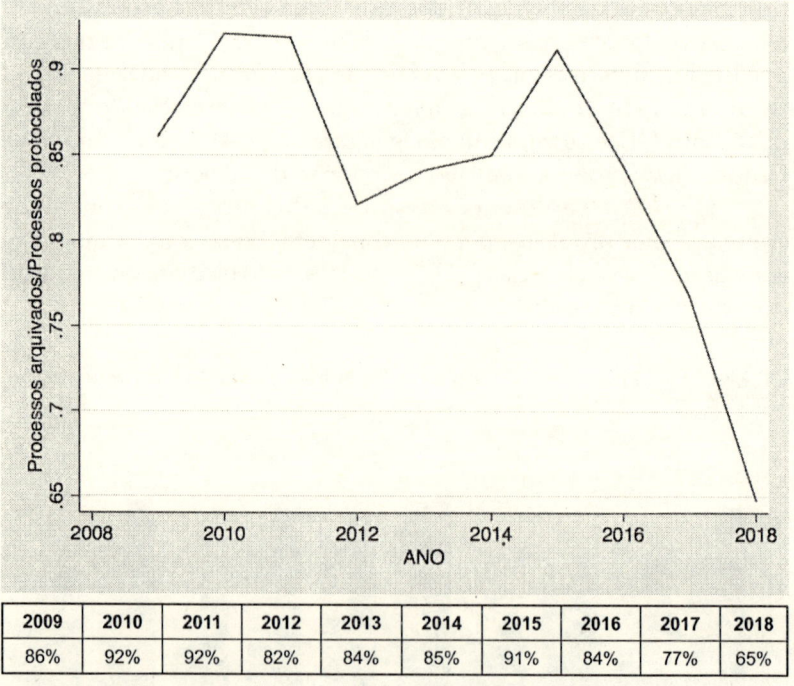

2009	2010	2011	2012	2013	2014	2015	2016	2017	2018
86%	92%	92%	82%	84%	85%	91%	84%	77%	65%

Fonte: elaboração própria.

Como conclusão deste tópico, argumenta-se que o arquivamento de propostas normativas pode ser compreendido como a tentativa frustrada de produção normativa. Acredita-se que tal fenômeno ocorra em razão de dois aspectos. O primeiro, em razão de um indício da baixa qualidade das proposituras; o segundo, em razão do rigoroso processamento dessas matérias. O objeto deste trabalho permitirá, em momento oportuno, a testagem da primeira hipótese indicada, a ser realizada por meio da análise da possível correlação entre critérios qualitativos das propostas normativas e a sua taxa de sucesso.

5.2.4 Aprovação e rejeição das propostas legislativas pelo plenário

A principal modalidade de aprovação das propostas legislativas é a sanção, que se caracteriza como ato integrativo de aperfeiçoamento do processo legislativo pelo Chefe do Poder Executivo. Segundo Cavalcante Filho,[270] a sanção expressa é a concordância com o conteúdo do autógrafo de lei, que resulta da deliberação final do parlamento, sendo a sanção tácita aquela em que o governador não se manifesta dentro do prazo legal. Tais modalidades não estão pormenorizadas nos dados analisados.

O gráfico 11 correlaciona o volume de proposituras sancionadas e arquivadas. Na série histórica, percebe-se haver um baixo percentual de aproveitamento geral, sendo que 2016 teve a maior proporção de processos convertidos em lei, verificando-se o percentual de 58% do total de 329 projetos. Por outro lado, a menor relação de proposituras convertidas foi 2010, com a proporção de 35%.

GRÁFICO 11 – Quantitativo de processos legislativos sancionados e arquivados por ano

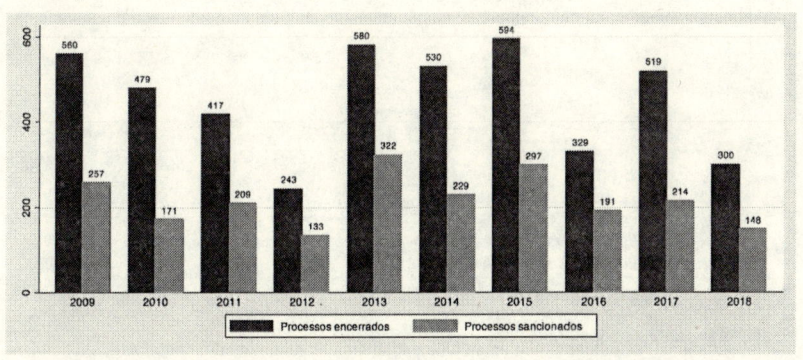

Fonte: elaboração própria.

---

[270] CAVALCANTE FILHO, João Trindade. *Processo legislativo constitucional*. 3. ed. rev., ampl. e atual. Salvador: Juspodivm, 2017.

TABELA 11
Percentual anual de processos sancionados em relação aos arquivados

2009	2010	2011	2012	2013	2014	2015	2016	2017	2018
45%	35%	50%	54%	55%	43%	50%	58%	41%	49%

Fonte: elaboração própria.

Mais uma vez, nota-se que os últimos anos das legislaturas encerradas apresentam a tendência de menor resolutividade do processo legislativo, calculada nesse contexto pela predominância do binômio sanção/arquivamento. Por outro lado, os dois primeiros anos de mandato demonstram o engajamento do quadro político com a taxa de conversão das propostas convertidas em lei.

Existe, assim, certo padrão de aproveitamento das normas propostas a partir da das legislaturas analisadas. Tal característica fica ainda mais clara se analisadas as proposituras aprovadas por espécie normativa (gráfico 12).

GRÁFICO 12 – Número de proposituras aprovadas por espécie normativa

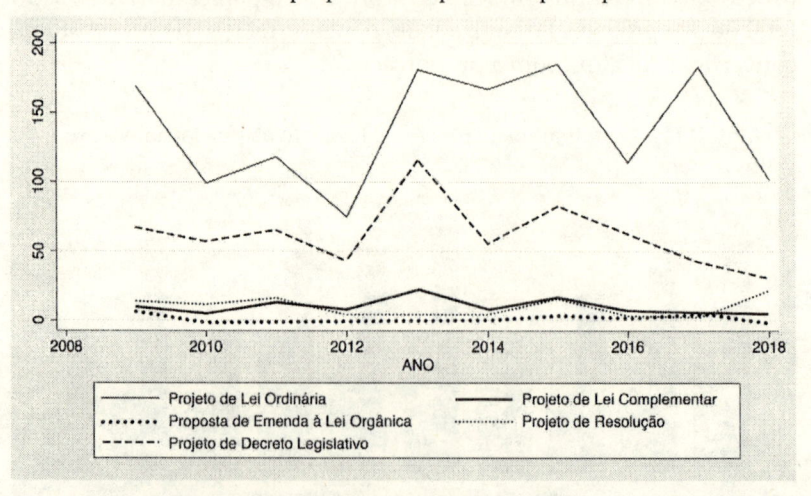

Fonte: elaboração própria.

TABELA 12
Percentual de proposituras aprovadas por espécie normativa

Espécie Normativa	2009	2010	2011	2012	2013	2014	2015	2016	2017	2018
LO	63% (169)	57% (99)	55% (118)	56% (75)	55% (181)	70% (167)	60% 185	59% (114)	76% (183)	64% (102)
PLC	4% (11)	3% (6)	7% (14)	7% (9)	7% (23)	4% (9)	6% (17)	4% (8)	2% (6)	3% (5)
PELO	3% (8)	0% (0)	0% (1)	1% (1)	1% (2)	1% (2)	2% (5)	2% (3)	2% (6)	0% (0)
PRES	5% (14)	7% (12)	7% (16)	4% (5)	1% (4)	2% (5)	5% (16)	2% (4)	1% (3)	14% (22)
PDL	25% (67)	33% (58)	30% (65)	33% (44)	36% (118)	23% (56)	27% (84)	33% (63)	18% (43)	19% (31)

Fonte: elaboração própria.

Por fim, ainda em relação à aprovação das proposituras legislativas, o índice de conversão em lei se revela como indicador importante do desfecho do processo legislativo. A tabela 13 apresenta os resultados identificados por ano, agregados por iniciativa legislativa. Assim, se consideradas as peculiaridades dos resultados de 2017 e 2018, anos em que há uma quantia considerável de processos que ainda não encerraram o seu trâmite, verifica-se que, proporcionalmente, grande parte das propostas de iniciativa governamental é convertida em lei, ao passo que a porcentagem de propostas aprovadas pelo Poder Legislativo é consideravelmente inferior.

TABELA 13
Índice de conversão em lei dos projetos legislativos por ano
(continua)

Ano	Poder Legislativo			Poder Executivo		
	Projetos propostos	Projetos aprovados	Percentual de conversão em lei	Projetos propostos	Projetos aprovados	Percentual de conversão em lei
2009	662	242	37%	36	27	75%
2010	475	138	29%	44	37	84%
2011	396	165	42%	60	49	82%
2012	247	96	39%	50	38	76%
2013	632	274	43%	68	54	79%

(conclusão)

Ano	Poder Legislativo			Poder Executivo		
	Projetos propostos	Projetos aprovados	Percentual de conversão em lei	Projetos propostos	Projetos aprovados	Percentual de conversão em lei
2014	556	183	33%	71	56	79%
2015	604	259	43%	55	48	87%
2016	338	159	47%	53	33	62%
2017	653	218	33%	29	23	79%
2018	424	128	30%	45	32	71%

Fonte: elaboração própria.

Como já retratado por este trabalho, a justificativa plausível para essa realidade assimétrica reside no fato de que o Poder Executivo, além de ser o responsável pela gestão fiscal e orçamentária, detém a maior parte das estruturas informacional e burocrática do governo, fato esse que possibilita o controle da agenda decisória do parlamento.

Quanto à rejeição das propostas legislativas, analisa-se o veto ao autógrafo de lei como principal modalidade. Tem-se que ele pode ser tanto total, a alcançar integralidade da matéria, quanto parcial, ao eliminar pontualmente alguns dispositivos. A motivação para o veto pode ser jurídica, pelos critérios de ilegalidade, inconstitucionalidade e antijuridicidade, ou política, pelos critérios de inoportunidade, inconveniência e contrariedade ao interesse público.[271]

Apesar da distinção entre PLC e PLO quanto ao conteúdo material e aos ritos de tramitação, tem-se que ambas são as únicas espécies normativas submetidas à sanção do Chefe do Poder Executivo. Assim, se analisadas as proposituras que tratam de PLC e PLO, percebe-se a predominância dos vetos totais sobre os parciais nos autógrafos de lei.

Considerando-se que o gráfico 13 apresenta, dentre outros fatores, os dados comparativos às proposituras sancionadas e vetadas, é possível perceber o ápice de vetos em 2017, primeiro ano da legislatura recente. Por outro lado, nota-se certa estabilidade em relação ao quantitativo de vetos ocorridos nos períodos anteriores. Interessante notar que a recente legislatura apresentou, em seu primeiro biênio (2017-2018), a maior proporção de vetos se comparada com os demais anos.

---

[271] CAVALCANTE FILHO, João Trindade. *Processo legislativo constitucional*. 3. ed. rev., ampl. e atual. Salvador: Juspodivm, 2017.

GRÁFICO 13 – Apreciação anual das propostas legislativas

Fonte: elaboração própria.

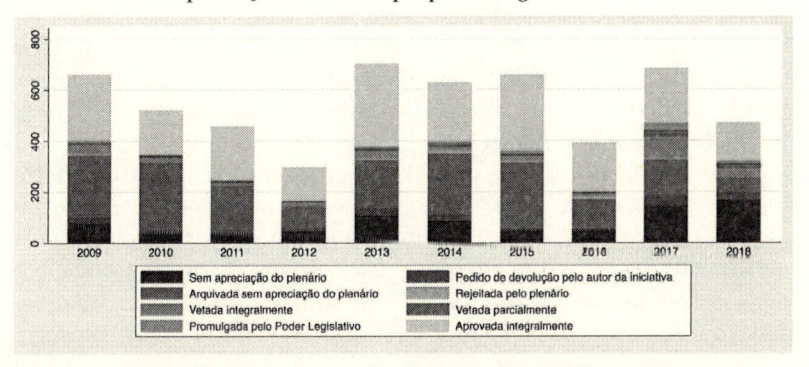

TABELA 14
Apreciação anual das propostas legislativas – quantitativo e percentual

Ano	1	2	3	4	5	6	7	8
2009	12% (81)	3% (18)	38% (249)	1% (5)	5% (34)	1% (5)	2% (12)	39% (257)
2010	7% (38)	1% (7)	52% (271)	0% (0)	4% (21)	1% (7)	1% (4)	33% (171)
2011	7% (34)	2% (8)	40% (181)	0% (1)	3% (13)	1% (5)	1% (5)	46% (209)
2012	15% (46)	4% (11)	29% (86)	0% (1)	5% (15)	1% (4)	0% (1)	45% (133)
2013	15% (105)	4% (30)	27% (189)	1% (9)	4% (30)	1% (9)	1% (6)	46% (322)
2014	14% (88)	3% (19)	39% (246)	1% (6)	3% (17)	2% (12)	2% (10)	37% (229)
2015	7% (49)	1% (5)	40% (263)	0% (2)	4% (24)	1% (9)	2% (10)	45% (297)
2016	13% (50)	1% (4)	30% (118)	2% (8)	4% (14)	1% (5)	0% (1)	49% (191)
2017	21% (143)	6% (41)	21% (144)	0% (3)	12% (84)	4% (26)	4% (27)	31% (214)
2018	35% (165)	6% (30)	13% (59)	0% (2)	7% (34)	4% (19)	3% (12)	32% (148)
Não houve apreciação do plenário Pedido de devolução pelo autor da iniciativa Arquivamento sem apreciação do plenário Rejeitada pelo plenário				Vetada integralmente Vetada parcialmente Promulgada pelo Poder Legislativo Aprovada integralmente				

Fonte: elaboração própria.

Originados por tensões entre os entes políticos, os vetos são fundamentos decisórios em que o prefeito lança mão para justificar a decisão de rejeitar, total ou parcialmente, um autógrafo de lei a ele submetido para deliberação. Para neutralizar esse ato decisório, o parlamento está autorizado a derrubá-lo ou poderá mantê-lo caso concorde com os seus termos.

Segundo a Lei Orgânica Municipal e *caput* do art. 111 do Regimento Interno do parlamento goianiense, o veto será apreciado em até 15 dias contados de seu recebimento e somente será rejeitado pela maioria absoluta dos vereadores. Já o §1º do mesmo artigo estabelece que, ocorrendo o veto e ouvida a Comissão de Constituição, Justiça e Redação, será ele apreciado pela Câmara dentro de 30 (trinta) dias, em discussão e votação únicas.

Por fim, o gráfico 14 aponta os resultados identificados de manutenção ou rejeição de vetos pela Câmara Municipal de Goiânia ao longo do período analisado. Na série histórica, constata-se uma relativa estabilidade na rejeição dos vetos, apresentando aumento considerável na legislatura presente. A manutenção dos vetos, por sua vez, guarda relação proporcional direta com o número de rejeições, havendo igualmente uma elevação dos vetos mantidos no biênio 2017-2018.

GRÁFICO 14 – Número de vetos mantidos e rejeitados por ano

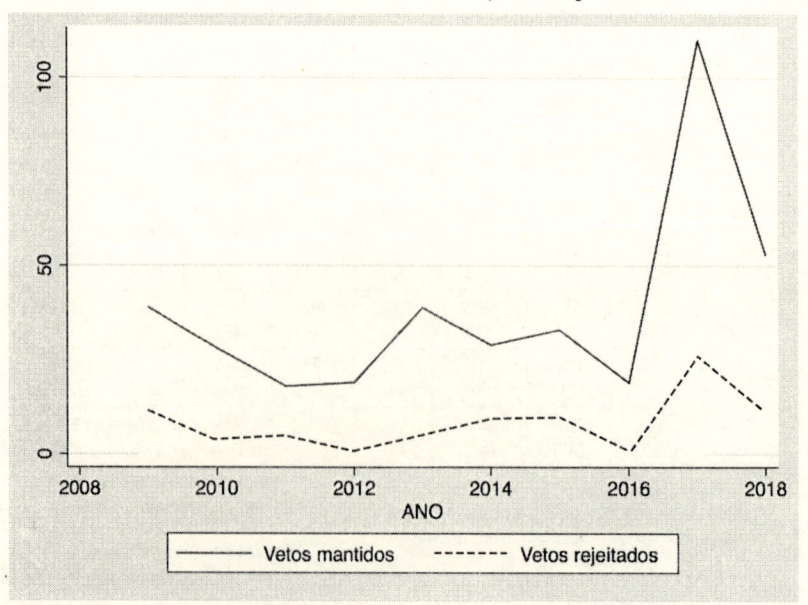

Fonte: elaboração própria.

TABELA 15
Percentual de vetos mantidos e rejeitados por ano

Números de vetos	Ano									
	2009	2010	2011	2012	2013	2014	2015	2016	2017	2018
Mantidos	76% (39)	88% (28)	78% (18)	95% (19)	87% (39)	74% (29)	77% (33)	95% (19)	80% (110)	82% (53)
Rejeitados	24% (12)	13% (4)	22% (5)	5% (1)	13% (6)	26% (10)	23% (10)	5% (1)	20% (27)	18% (12)

Fonte: elaboração própria.

5.2.5 A deliberação dos processos na Comissão de Constituição e Justiça (CCJ) e as emendas parlamentares

O art. 25 do Regimento Interno do parlamento goianiense prevê competir à Comissão de Constituição, Justiça (CCJ) manifestar-se, primeiramente, sobre todos os projetos, emendas subemendas e substitutivos em tramitação, quanto aos aspectos constitucionais, legais, jurídicos, regimentais e de técnica legislativa. O dispositivo orienta que os projetos considerados inconstitucionais, ilegais ou antirregimentais pela maioria dos membros da Comissão serão rejeitados e encaminhados à Diretoria Legislativa para arquivamento.

Estabelecidas as competências da CCJ, os dados adiante examinados se referem à dinâmica decisória dos processos legislativos por ela apreciados, considerando-se apenas o teor da análise realizada quanto ao seu resultado. Foram catalogados como aprovados os processos que tiveram o seu prosseguimento autorizado por maioria de votos, sendo as proposituras não aprovadas aquelas deliberadas pela rejeição ou pelo arquivamento da matéria. O gráfico 15 apresenta os resultados identificados. Não foram consideradas nessa análise as proposituras apensadas, sobrestadas, devolvidas ou com informação indisponível.

GRÁFICO 15 – Número de propostas rejeitadas/arquivadas e aprovadas pela CCJ por ano

Fonte: elaboração própria.

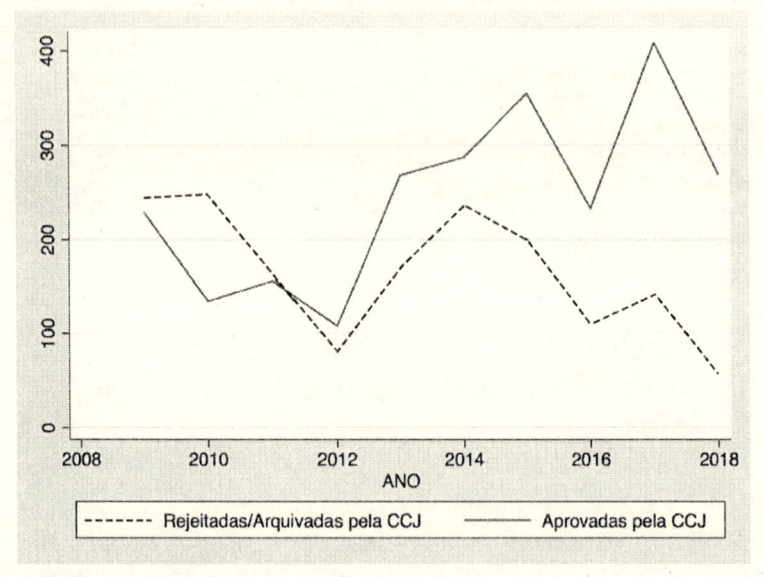

TABELA 16
Percentual de propostas rejeitadas/arquivadas
e aprovadas pela CCJ por ano

Número de propostas	Ano									
	2009	2010	2011	2012	2013	2014	2015	2016	2017	2018
Rejeitadas/Arquivadas pela CCJ	52% (245)	65% (249)	51% (162)	43% (82)	39% (171)	45% (237)	36% (200)	32% (111)	26% (142)	17% (57)
Aprovadas pela CCJ	48% (229)	35% (134)	49% (156)	57% (108)	61% (268)	55% (287)	64% (355)	68% (233)	74% (409)	269% (83)

Fonte: elaboração própria.

Verifica-se, assim, que o número mais elevado de aprovações pela CCJ parece apresentar sinais de estabilidade somente a partir de 2012, período em que o referido quantitativo se mantém progressivamente superior às matérias rejeitadas. Percebe-se, também, que a oscilação do número de matérias rejeitadas e aprovadas demonstra o grau de eficiência da referida comissão, que exerce a importante função de manter o equilíbrio do número de propostas apresentadas a partir da análise sumária das matérias.

Por fim, necessário considerar que a CCJ possui condições de exercer fundamental papel quanto ao controle da qualidade legislativa das proposituras submetidas ao parlamento, servindo os números apresentados como importantes parâmetros para futuras análises relacionadas às metodologias de avaliação legislativa a serem empreendidas pelo parlamento goianiense.

Outro importante fator do processo legislativo é a propositura de emendas. O gráfico 16 indica o quantitativo de processos que receberam emendas por ano, com distinção de iniciativa. Percebe-se que o maior quantitativo de proposituras com emendas não chega a 20% dos processos no ano de 2017, sendo verificado, durante a coleta dos dados, que boa parte dessas emendas são substitutivos de ajuste à técnica legislativa. Considerando a dificuldade de localização dos provimentos que sofreram emendas, cuja identificação se deu pela análise individual dos processos, esta pesquisa conseguiu levantar informações mais precisas somente entre os anos de 2012 e 2018.

GRÁFICO 16 – Número de processos que receberam emendas por ano

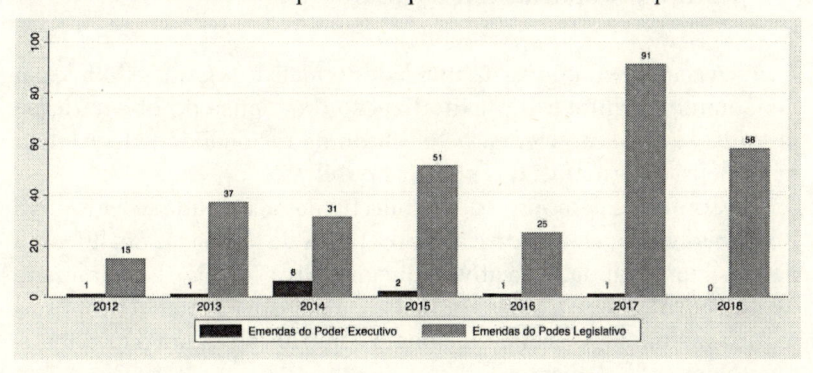

Fonte: elaboração própria.

TABELA 17
Percentual de processos que receberam emendas por ano

Número de propostas com emendas	Ano						
	2012	2013	2014	2015	2016	2017	2018
Emendas do Poder Executivo	6% (1)	3% (1)	16% (6)	4% (2)	4% (1)	1% (1)	0% (0)
Emendas dos Poder Legislativo	94% (15)	97% (37)	84% (31)	96% (51)	96% (25)	99% (91)	100% (58)

Fonte: elaboração própria.

Buscou-se mensurar, também, o percentual das proposituras emendadas por iniciativa, sendo possível verificar uma considerável distorção do número de emendas se comparadas às autorias do Executivo e do Legislativo. Nota-se que há um gradativo aumento de atos modificativos às propostas de origem parlamentar na série histórica, sendo a proporção de emendas de iniciativa governamental considerada baixa e uniforme.

Acredita-se que a alta proporção de emendas por parte do Poder Legislativo traduz o esforço do parlamento em modificar, ajustar ou adequar as proposições do Poder Executivo. Se analisado o seu aspecto funcional, é esperada do parlamento uma postura que busque maior controle sobre o teor das proposições por ele apreciadas, de maneira que, ao emendar a propositura de outro poder, possua condições de contribuir para o aperfeiçoamento da decisão legislativa.

5.3 Racionalidade legislativa das normas de políticas públicas no parlamento goianiense

A compreensão geral da atividade normativa da Câmara Municipal de Goiânia permite a contextualização da análise do objeto dessa pesquisa, que se caracteriza pelo estudo da racionalidade legislativa na dimensão normativa das políticas públicas.

Conforme demonstrado, o conceito de racionalidade legislativa é desenvolvido ao longo do trabalho a partir de dois eixos analíticos: o da "Instrumentalidade da atividade normativa" e o da "Legitimidade democrática", sendo a Legisprudência e a Legística Material propostas teórico-metodológicas que funcionam como alicerce para o reconhecimento dos seus elementos.

Assim, para o estudo do primeiro, o presente tópico discute o aproveitamento de critérios relacionados à avaliação legislativa na elaboração das proposituras de atos normativos do parlamento goianiense, concentrando-se essa reflexão sobre aquelas relacionadas à regulamentação das políticas públicas.

Também com o foco em tais propostas, a análise do segundo parte da compreensão de alguns aspectos quanto ao funcionamento dos espaços de deliberação social a influenciarem a atividade legislativa, sendo as formas de interação institucional com o público diretamente envolvido importante fator para a caracterização de uma dinâmica normativa democraticamente legítima.

A viabilizar, assim, a investigação proposta, necessária a reflexão prévia acerca das principais características das propostas que visam o estabelecimento de políticas públicas pela Câmara Municipal de Goiânia.

5.3.1 Aspectos gerais sobre as propostas normativas de políticas públicas

Para a identificação das propostas legislativas relacionadas às políticas públicas, buscou-se investigar, como base nos fundamentos desenvolvidos pela seção teórica deste estudo, a maior medida dos elementos que se mostram frequentes no seu desenho normativo, sendo eles: a) princípios e diretrizes da política; b) objetivos da política; c) composição dos órgãos e autoridades envolvidos na implementação de uma determinada política e descrição genérica sobre suas competências e responsabilidades; d) rol de definições, incluindo a caracterização dos atores afetados pela política; e) instrumentos, vaga e genericamente considerados, de controle da ação administrativa; e f) penalidades e responsabilidades pela inobservância dos dispositivos legais.

A partir da identificação de tais elementos, os gráficos 17 e 18 indicam em volume quantitativo a quantidade de proposituras sobre políticas públicas por iniciativa ao longo do período analisado (2009-2018).

GRÁFICO 17 – Número de propostas legislativas relacionadas a políticas públicas

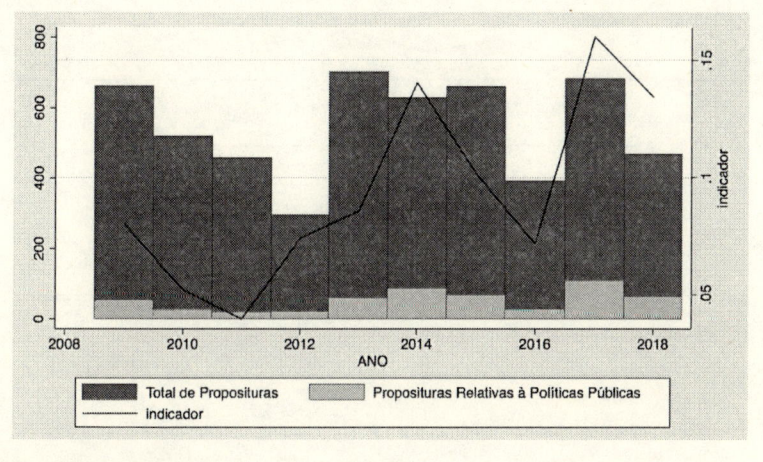

Fonte: elaboração própria.

TABELA 18
Quantitativo e percentual de propostas legislativas relacionadas a políticas públicas, sem iniciativa

Número de propostas	Ano									
	2009	2010	2011	2012	2013	2014	2015	2016	2017	2018
Relativas a políticas públicas	8% (53)	5% (27)	4% (18)	7% (22)	9% (60)	14% (88)	10% (67)	7% (28)	16% (109)	13% (63)
Não relativas a políticas públicas	92% (662)	95% (510)	96% (456)	93% (297)	91% (700)	86% (627)	90% (659)	93% (391)	84% (682)	87% (469)

Fonte: elaboração própria.

GRÁFICO 18 – Número de propostas legislativas protocoladas e relacionadas a políticas públicas, com iniciativa

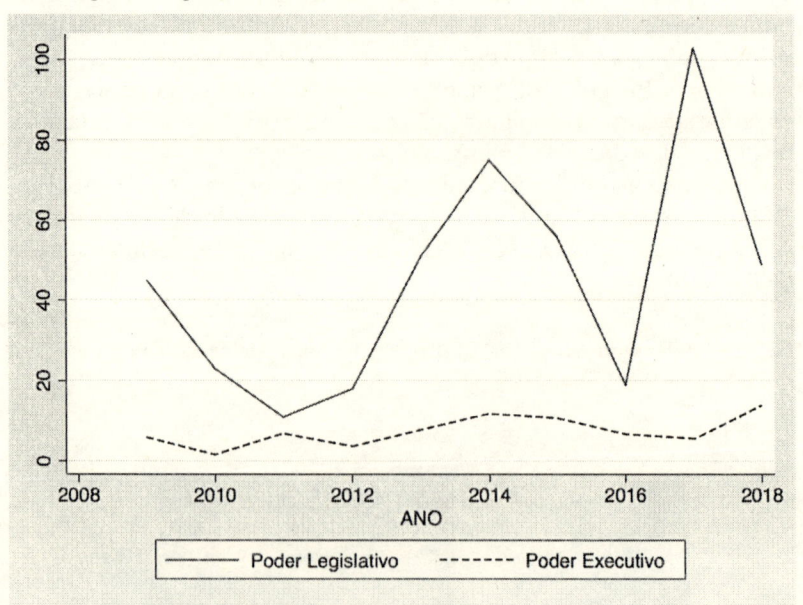

Fonte: elaboração própria.

TABELA 19
Quantitativo e percentual de propostas legislativas relacionadas a políticas públicas, com iniciativa

Propostas relativas a políticas públicas	Ano									
	2009	2010	2011	2012	2013	2014	2015	2016	2017	2018
Poder Legislativo	88% (45)	92% (23)	61% (11)	82% (18)	88% (51)	86% (75)	84% (56)	73% (19)	94% (103)	78% (49)
Poder Executivo	12% (6)	8% (2)	39% (7)	18% (4)	12% (7)	14% (12)	16% (11)	27% (7)	6% (6)	22% (14)

Fonte: elaboração própria.

Nota-se que a proporção média dessas propostas ultrapassa, em pequena quantia, o percentual crítico de 10% das proposituras totais, sendo a taxa de sucesso ainda menor. Acredita-se, com base na análise a ser feita mais adiante, que a baixa presença de elementos de racionalidade legislativa pode ser o resultado desse baixo aproveitamento percentual das proposituras dessa natureza.

Quanto à iniciativa das propostas, há um claro predomínio de proposições de iniciativa parlamentar, sendo perceptível que o Poder Legislativo, apesar de apresentar um padrão instável quanto à propositura de medidas, tem se empenhado em propor políticas públicas. Contudo, tal esforço parece não gerar resultados efetivos, já que, em razão da pouca relevância ou da baixa qualidade das propostas, a média percentual de conversão dessa atividade em ato normativo é de 18%, quantia essa consideravelmente inferior se comparada ao sucesso das propostas de autoria do Poder Executivo, que mantém o seu patamar médio na casa dos 73% (gráfico 19).

GRÁFICO 19 – Número de propostas legislativas aprovadas e relacionadas a políticas públicas, com iniciativa

Fonte: elaboração própria.

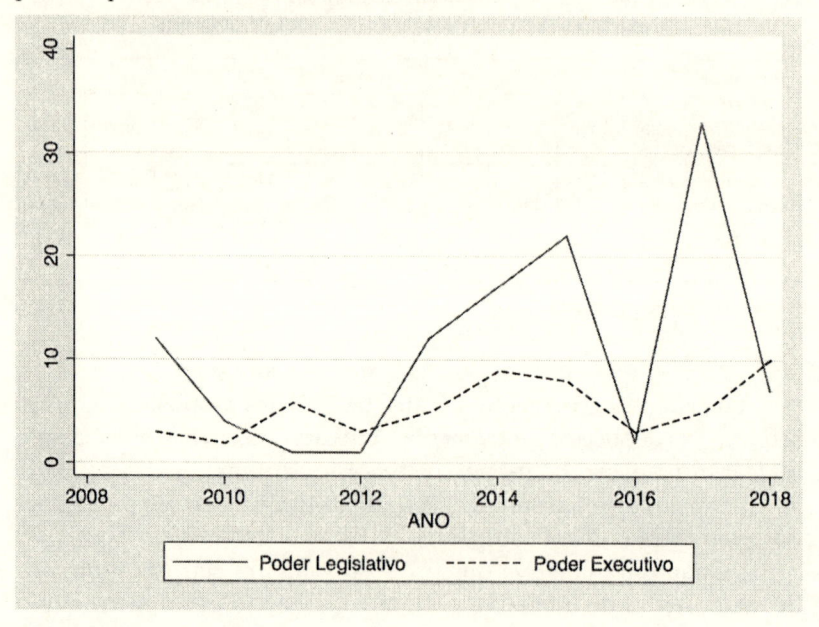

TABELA 20
Quantitativo e percentual de aprovação de propostas
legislativas relacionadas a políticas públicas por iniciativa

Propostas relativas a políticas públicas	Ano									
	2009	2010	2011	2012	2013	2014	2015	2016	2017	2018
Poder Legislativo	26% (12)	17% (4)	9% (1)	5% (1)	23% (12)	22% (17)	39% (22)	1% (2)	32% (33)	14% (7)
Poder Executivo	50% (3)	100% (2)	86% (6)	75% (3)	71% (5)	75% (9)	72% (8)	42% (3)	83% (5)	71% (10)

Fonte: elaboração própria.

Por fim, um último e importante aspecto normativo a caracterizar as propostas de políticas públicas no parlamento goianiense se refere às áreas temáticas que se revelam predominantes. Nesse sentido, se por um lado a visualização do gráfico 20 sinaliza uma baixa produtividade normativa dessas políticas, por outro a Câmara Municipal de Goiânia tem sido coerente com o seu propósito de materializar direitos fundamentais sociais. Nota-se, nesse sentido, que praticamente 60% das políticas propostas se relacionam com a referida área temática, sendo seguidas das áreas de Desenvolvimento e estrutura, da Administração Pública e de Orçamento e finanças.

GRÁFICO 20 – Número de proposituras relacionadas a políticas públicas por área temática

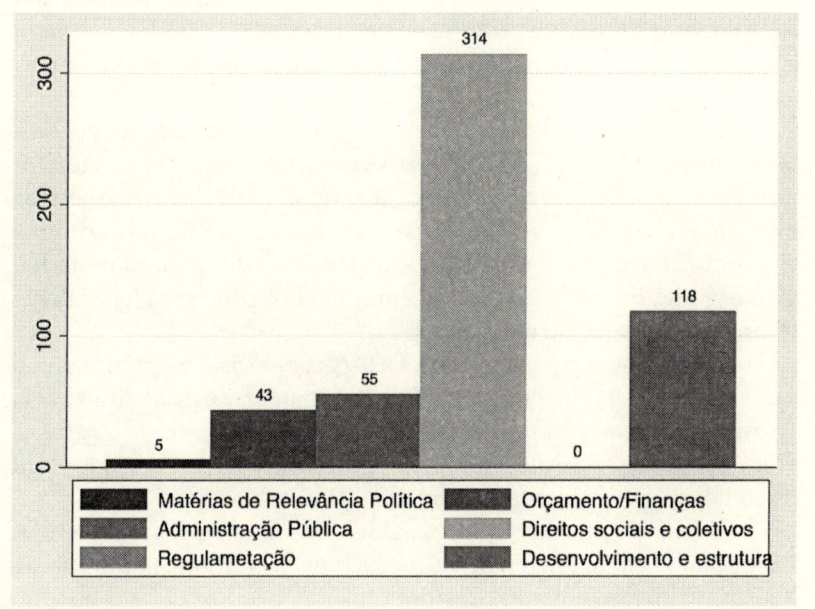

[Gráfico de barras com os valores: Matérias de Relevância Política: 5; Administração Pública: 43; Regulametação: 55; Orçamento/Finanças: 314; Direitos sociais e coletivos: 0; Desenvolvimento e estrutura: 118]

Fonte: elaboração própria.

TABELA 21
Percentual de proposituras relacionadas a
políticas públicas por área temática

Matérias de relevância política	Orçamento/ finanças	Administração Pública	Direitos sociais e coletivos	Regulamentação	Desenvolvimento e estrutura
1% (5)	8% (43)	10% (55)	59% (314)	0% (0)	18% (22)

Fonte: elaboração própria.

5.3.2 Instrumentalidade da atividade normativa das políticas públicas municipais

Com base na reflexão teórica desenvolvida por este trabalho, o eixo da instrumentalidade da atividade normativa é discutido a partir da análise do conteúdo das justificativas apresentadas aos projetos normativos propostos na Câmara Municipal de Goiânia. São investigados, em tais atos, o aproveitamento geral de critérios associado à avaliação legislativa na dinâmica da produção de normas relativas às políticas públicas.

Identificou-se, conforme a discussão da literatura, cinco dimensões passíveis de investigação: objetivos, diagnóstico, previsão de monitoramento e avaliação, impactos sociais, orçamentários e financeiros e contextualização jurídica. Nesse sentido, por serem tais critérios elementos a categorizarem níveis específicos de qualidade da lei, visou-se identificar a sua presença mínima nos processos legislativos tramitados no período em estudo.

Importante a ressalva de que a não observância obrigatória quanto a tais requisitos pode, de alguma forma, prejudicar o grau de acurácia da análise. Ressalta-se, todavia, que essa pesquisa tem como objetivo a identificação de requisitos mínimos de preocupação do legislador com os efeitos da norma sobre a realidade.

Divide-se a análise dos elementos deste eixo em dois momentos. No primeiro, caracterizam-se, de forma breve, os critérios de avaliação legislativa objetivamente considerados nas propostas para que, no momento seguinte, essa investigação seja relacionada aos principais institutos do trâmite legislativo.

5.3.2.1 Características gerais sobre a presença de critérios de avaliação legislativa nas propostas normativas da Câmara Municipal de Goiânia

A iniciar essa reflexão, o gráfico 21 se propõe a identificar a presença mínima de cada critério avaliativo no conjunto das proposituras por ano. Nota-se que, em alguns casos, a própria legislação traz a exigência de requisitos, como análises de impacto em matérias orçamentárias e em matérias urbanísticas. De modo geral, todavia, o que se observa é a atuação desinteressada do legislador, que, quando muito, se esforça para apresentar os objetivos da proposta submetida, bem como para contextualizar juridicamente o conteúdo regulado.

Parece haver, assim, certo sentido a hipótese[272] de que o agente normativo praticamente ignora os demais elementos da avaliação legislativa, sendo a preocupação dos proponentes com os critérios de diagnóstico, impacto e monitoramento e a avaliação dos resultados dos atos normativos consideradas pequenas na série histórica.

GRÁFICO 21 – Distribuição numérica de critérios de avaliação legislativa por ano

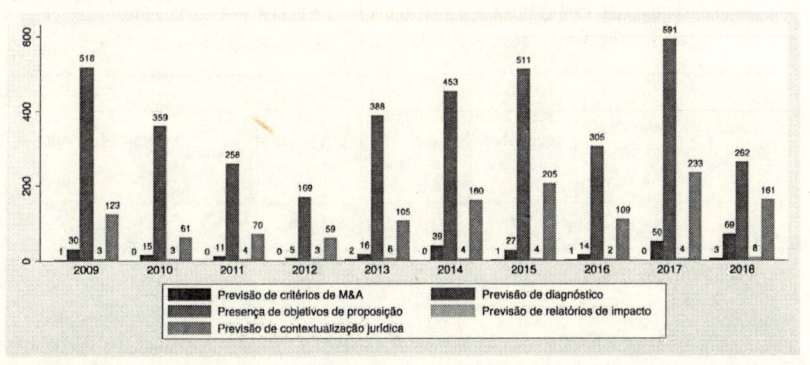

Fonte: elaboração própria.

TABELA 22
Distribuição de critérios de avaliação legislativa em percentual por ano

Critérios de avaliação legislativa	2009	2010	2011	2012	2013	2014	2015	2016	2017	2018
Diagnóstico	4% (30)	3% (15)	3% (11)	2% (5)	3% (16)	6% (39)	4% (27)	3% (14)	6% (50)	14% (69)
Objetivos	77% (518)	82% (359)	75% (258)	72% (169)	75% (388)	69% (453)	68% (511)	71% (305)	67% (591)	52% (262)
Contexto jurídico	18% (123)	14% (61)	20% (70)	25% (59)	20% (105)	24% (160)	27% (205)	25% (109)	27% (233)	32% (161)
Impactos	1% (3)	1% (3)	1% (4)	1% (3)	1% (6)	1% (4)	1% (4)	1% (4)	1% (4)	2% (8)
Avaliação e monitoramento	0% (1)	0% (0)	0% (0)	0% (0)	0% (2)	0% (0)	0% (1)	0% (1)	0% (0)	1% (3)

Fonte: elaboração própria.

---

[272] Ver hipótese (H5) no tópico 3.3 do capítulo 3.

Se por um lado as visualizações do gráfico analisado e da tabela 22 permitem a compreensão da distribuição numérica dos critérios de avaliação legislativa em relação a todas as espécies normativas, sem distinção, por outro lado, a leitura da tabela 23 permite a análise da média de incidência desses critérios apenas nas proposituras que tratam de políticas públicas. Nesse sentido, é possível perceber que a presença dos referidos aspectos se revela mais intensa em tais provimentos, atingindo uma média que supera em 25% a média das demais propostas.[273]

TABELA 23
Média de critérios de avaliação legislativa em propostas legislativas gerais e relativas a políticas públicas

Propostas gerais	Propostas relativas a políticas públicas	Média em propostas gerais	Média em propostas relativas a políticas públicas	Diferença	Erro padrão	Valor-t	Valor-p
4.927	535	1.127	1.597	-,469	,03	-15,55	0

Fonte: elaboração própria.

Acredita-se, quanto a esse ponto, que a complexidade inerente ao desenho normativo dos programas políticos os deixa mais propensos à incidência de um maior percentual dos elementos que compõem a avaliação legislativa, já que os arranjos jurídico-institucionais formados dependem de uma pluralidade de dados e informações, com diferentes fontes.

A encerrar essa breve análise das questões gerais quanto aos critérios de avaliação legislativa, a tabela 24 discrimina a frequência dos requisitos nas medidas propostas, sendo observado o quantitativo de 98% dos projetos normativos com até dois critérios. Tal evidência explicita o desinteresse do legislador municipal pela concepção espontânea de propostas com justificativas mais elaboradas, o que leva à conclusão de que a institucionalização dos requisitos avaliativos pode exercer impacto positivo sobre esse cenário.

---

[273] Tal evidência confirma a hipótese (H6), descrita no tópico 3.3 do capítulo 3.

TABELA 24
Frequência total de critérios de avaliação legislativa
em processos legislativos (2009-2018)

Critérios de avaliação legislativa					
0	1	2	3	4	5
13% (696)	60% (3.274)	25% (1.355)	1,8% (126)	0,16% (9)	0,04% (2)
Total			5.462		

Fonte: elaboração própria.

5.3.2.2 A incidência de critérios de avaliação legislativa e o trâmite legislativo

Estabelecidos os principais aspectos gerais relacionados à incidência dos critérios de avaliação legislativa nas propostas legislativas que tramitam na Câmara Municipal de Goiânia, passa-se à análise da sua relação funcional com as instâncias do trâmite legislativo consideradas fundamentais para as formações da decisão e da justificação normativa.

É investigada, nesse sentido, a maneira pela qual esses critérios se encontram distribuídos nas demandas de iniciativa de cada um dos poderes, bem como as suas possíveis influências sobre os atos deliberativos da Comissão de Constituição e Justiça (CCJ) e do Plenário do parlamento goianiense.[274]

Nesses termos, quanto à compreensão da distribuição dos referidos critérios em relação à iniciativa das propostas apresentadas (tabela 25), constata-se que o Poder Executivo, apesar de apresentar um menor número de proposituras, sustenta as suas propostas com uma média de critérios maior do que a média verificada nas medidas de autoria do Poder Legislativo, sejam elas referentes a matérias gerais ou a projetos que estruturam políticas públicas (tabela 26).[275]

É possível afirmar, assim, que as propostas do Poder Executivo possuem maior grau de qualificação, sendo essa realidade atribuída ao fato de que o referido poder conta com estruturas informacional,

---

[274] Este trabalho não analisou a dinâmica de tais elementos nos relatórios emitidos pelas comissões temáticas. A ausência deste estudo não desconsidera, todavia, a importância dos referidos órgãos para o objeto desta pesquisa, sobretudo em razão do fato de que exercem análise técnica fundamental acerca do conteúdo legislativo das propostas apresentadas.

[275] Tal constatação corrobora a hipótese (H7), descrita no tópico 3.3 do capítulo 3.

técnica e financeira mais desenvolvidas, o que revela a necessidade de aperfeiçoamento das condições do parlamento para o exercício da função normativa.

TABELA 25
Distribuição do número de critérios de avaliação
legislativa nas propostas em geral, por iniciativa

Propostas legislativas por iniciativa	Número de critérios de avaliação legislativa			
	0	1	Entre 2 e 5	Total
Poder Executivo	3% (13)	34% (174)	63% (324)	100% (511)
Poder Legislativo	14% (683)	62% (3.100)	24% (1.168)	100% (4.951)

Fonte: elaboração própria.

TABELA 26
Distribuição do número de critérios de avaliação legislativa
nas propostas de políticas públicas, por iniciativa

Propostas legislativas de políticas públicas por iniciativa	Número de critérios de avaliação legislativa			
	0	1	Entre 2 e 5	Total
Poder Executivo	0% (0)	18% (14)	82% (62)	100% (76)
Poder Legislativo	4% (20)	50% (228)	46% 211	100% (459)

Fonte: elaboração própria.

Estabelecidos os aspectos relacionados à iniciativa, a compreensão da atuação da Comissão de Constituição e Justiça (CCJ) do parlamento goianiense passa a ser analisada a partir da relação entre as propostas por ela apreciadas e o número de critérios avaliativos que aparecem nos referidos provimentos.

Segundo o art. 25 do RI da Câmara Municipal de Goiânia, compete à Comissão de Constituição, Justiça e Redação manifestar-se, primeiramente, sobre todos os projetos, emendas subemendas e substitutivos em tramitação, quanto aos aspectos constitucionais, legais, jurídicos, regimentais e de técnica legislativa. Trata-se, portanto, de órgão legislativo destinado a promover as análises técnica e jurídica das propostas legislativas apresentadas, sendo o conteúdo político-meritório apreciado pelas comissões temáticas e pelo plenário da Casa Legislativa.

Pela interpretação dos números apresentados na tabela 27, é possível verificar, em caráter absoluto, o número de propostas arquivadas e não arquivadas por número de critérios de avaliação legislativa que elas apresentam. Assim, das propostas não arquivadas pela CCJ, isto é, daquelas que recebem a aprovação do órgão, considera-se baixa a incidência geral dos critérios de avaliação legislativa, já que 71% dos processos se concentram na faixa de até um desses requisitos. Quanto às propostas que regulamentam políticas públicas (tabela 28), essa realidade assimétrica diminui, contando com 43% das propostas aprovadas com até dois critérios de avaliação legislativa.

TABELA 27
Arquivamento e não arquivamento de projetos legislativos
pela CCJ por número de critérios de avaliação legislativa

Propostas normativas	Número de critérios de avaliação legislativa			
	0	1	Entre 2 e 5	Total
Não arquivadas	11% (435)	60% (2.282)	29% (1.087)	100% (3.804)
Arquivadas	16% (261)	60% (990)	24% (405)	100% (1.656)

Fonte: elaboração própria.

TABELA 28
Arquivamento e não arquivamento de projetos
legislativos pela CCJ relacionados a políticas públicas
por número de critérios de avaliação legislativa

Propostas normativas de políticas públicas	Número de critérios de avaliação legislativa			
	0	1	Entre 2 e 5	Total
Não arquivadas	3% (12)	40% (138)	56% (197)	100% (347)
Arquivadas	4% (8)	55% (104)	40% (76)	100% (188)

Fonte: elaboração própria.

Ainda no âmbito da CCJ, outro importante aspecto analisado é a relação de proporcionalidade entre a frequência do número de critérios de avaliação legislativa e o não arquivamento das proposituras. É possível afirmar, pela análise do gráfico 22, que o preenchimento gradual dos requisitos avaliativos nos processos é diretamente proporcional ao percentual de aprovação das propostas, sendo que, quanto às propostas que regulamentam políticas públicas, esse grau de correspondência é ainda mais intenso.

Assim, se por um lado a frequência de processos aprovados com dois ou mais critérios é quase inexistente, a revelar uma distribuição irregular, por outro o percentual de aprovação em relação a essas categorias é bastante expressivo, contando com uma taxa de não arquivamento que começa na casa dos 70%. Desse modo, o gráfico 22 sugere que as propostas com maior número de critérios de avaliação legislativa tendem[276] a apresentar uma taxa de aprovação proporcional mais elevada das propostas apreciadas pela CCJ.

GRÁFICO 22 – Percentual de não arquivamento pela CCJ das propostas em geral e relativas a políticas públicas por número de critérios de avaliação legislativa

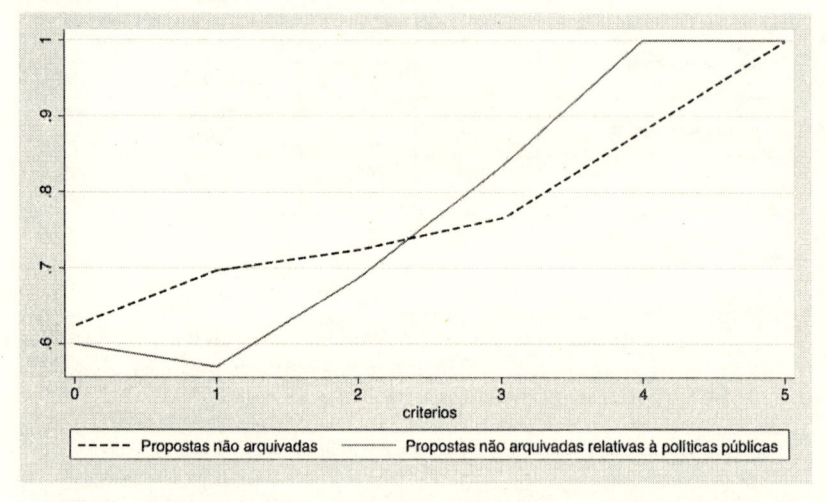

Fonte: elaboração própria.

(continua)

Legenda – Gráfico 22		
Critérios de avaliação legislativa	Propostas não arquivadas	Propostas não arquivadas de políticas públicas
0	63%	60%
1	70%	57%
2	72%	69%

---

[276] A visualização da curva de ascendência referente à taxa de aprovação é calculada pela proporção do quantitativo de matérias aprovadas pela CCJ em relação ao total de propostas apresentadas em cada faixa de critério.

(conclusão)

3	77%	83%
4	89%	100%
5	100%	100%

Fonte: elaboração própria.

Importante mencionar que essa investigação nasce da necessidade de se averiguar as perspectivas de amplificação do controle de admissibilidade pela CCJ quanto ao atendimento das propostas às regras de Legística Material. De acordo com Cavalcante Filho,[277] essa adaptabilidade do processo legislativo pode ser agrupada em duas categorias: a) alteração de normas institucionais; e b) modificações culturais em relação aos integrantes da referida comissão.

Em relação às alterações normativas, o autor defende que os regimentos parlamentares podem prever uma espécie de subcomissão especializada a diferenciar a análise técnica da análise política das propostas, sendo os critérios de avaliação legislativa apreciados quanto aos seus aspectos formais no momento da sua admissibilidade, e o estudo do seu conteúdo aprofundado pelas comissões temáticas.

Conforme já mencionado, tais comissões possuem a tarefa de realizar o estudo verticalizado quanto ao conteúdo das matérias propostas. Segundo Mata,[278] trata-se de local onde se dá o início das discussões e da fundamentação das propostas, exigindo-se um estudo das políticas públicas envolvidas, a identificação do impacto normativo, a organização de quais os métodos de consulta são apropriados, bem como a revisão dos atos normativos já sancionados. Não por outra razão o art. 96-B do Regimento Interno do Senado Federal (RISF) atribuiu às comissões permanentes o papel de selecionar, na área de sua competência, políticas públicas desenvolvidas no âmbito do Poder Executivo para serem avaliadas.

Nesses termos, entende-se que as comissões temáticas figurariam como espaço adequado para a análise do conteúdo eventualmente apresentado no tocante às práticas de avaliação legislativa, sendo que esse reconhecimento possibilita uma melhor filtragem das proposituras

---

[277] CAVALCANTE FILHO, João Trindade. Controle Preventivo de Constitucionalidade e de Legística pelas Comissões de Constituição e Justiça: Importância, Perspectivas e Desafios. *In*: BARBOSA, Maria Nazaré Lins; CAJAIBA, Camila Morais; MARTINS, Garcez; PIRES, Ieda Maria Ferreira (coord.). *Legística*: estudos em homenagem ao professor Carlos Blanco de Moras. 1. ed. São Paulo: Almedina Brasil, 2020, p. 206.

[278] MATA, Paula Carolina de Oliveira Azevedo. *Legística e ciclo orçamentário*: uma análise a partir das políticas públicas de Atenção Básica à Saúde / Paula Carolina de Oliveira Azevedo da Mata. Dissertação de Mestrado. UFMG, Belo Horizonte, 2018, p. 115.

tecnicamente comprometidas, abrindo um espaço de debate mais qualificado quanto às deliberações políticas promovidas em Plenário.

Quanto ao aspecto cultural, entende-se como necessária a ressignificação da Legística enquanto questão a ser levada a sério pelos integrantes das comissões. É preciso, assim, que os parlamentares se convençam da importância dos critérios de Legística para o trâmite processual das propostas submetidas, bem como para o aspecto qualitativo dessas medidas.

Finalmente, como última reflexão deste eixo de análise, investiga-se se a presença gradual de critérios de avaliação legislativa também guardaria correspondência com o número de propostas convertidas em ato normativo pela Câmara Municipal de Goiânia. O cruzamento dessas variáveis viabiliza a aferição do caráter útil dos referidos critérios, na medida em que, se analisados conjuntamente com outros fatores, mostra-se possível averiguar com maior precisão se essa presença em maior proporção influenciaria de forma direta no aumento do percentual de conversão de atos normativos válidos no ordenamento jurídico.

Importante destacar, primeiramente, que o percentual geral de aprovação das matérias pelo plenário cai praticamente pela metade (tabela 29), se comparado à proporção das propostas não arquivadas pela CCJ. Compreende-se, quanto a esse ponto, que o caráter técnico-formal da apreciação realizada pelo órgão de admissibilidade faz com que o índice de aproveitamento das propostas seja mais elevado.

Por outro lado, de forma analógica ao que ocorre na referida comissão, constata-se haver baixa incidência geral dos critérios de avaliação legislativa nas medidas aprovadas em plenário, já que 74% desses processos possuem somente até dois desses requisitos. Em relação às propostas que regulamentam políticas públicas (tabela 30), essa frequência apresenta melhores traços de distribuição, contando com 52% das propostas aprovadas com até um critério de avaliação legislativa. Atribui-se como causa de tal fenômeno o fato de que o desenho normativo das políticas públicas se relaciona mais facilmente com todos os critérios de avaliação legislativa.[279]

---

[279] Para mais reflexões sobre a dimensão normativa das políticas públicas, ver capítulo 2.

TABELA 29
Propostas convertidas e não convertidas em ato normativo por número de critérios de avaliação legislativa

Propostas legislativas	Critérios de avaliação legislativa			
	0	1	Entre 2 e 5	Total
Propostas não convertidas em ato normativo	15% (485)	56% (1.807)	29% (911)	100% (3.203)
Propostas convertidas em ato normativo	9% (211)	65% (1.467)	26% (581)	100% (2.259)

Fonte: elaboração própria.

TABELA 30
Propostas convertidas e não convertidas em ato normativo de políticas públicas por número de critérios de avaliação legislativa

Propostas legislativas	Critérios de avaliação legislativa			
	0	1	Entre 2 e 5	Total
Propostas não convertidas em ato normativo	4% (14)	48% (179)	48%% (177)	100% (370)
Propostas convertidas em ato normativo	3% (6)	38% (63)	58% (96)	100% (165)

Fonte: elaboração própria.

Por fim, quanto à possível correspondência existente entre o número de matérias convertidas em lei e o número dos critérios de avaliação em tais proposituras, é possível verificar que, assim como na CCJ, a proporcionalidade entre as duas variáveis sinaliza um grau de tendência à aprovação das propostas de caráter geral e das relacionadas a políticas públicas. Todavia, diferentemente do que acontece no órgão de admissibilidade, instância na qual a faixa de aprovação é elevada em até 40%, verifica-se aqui que o aumento da taxa de conversão é menor, atingindo a casa dos 20% (gráfico 23).[280]

---

[280] A visualização da curva de ascendência referente à taxa de aprovação é calculada pela proporção do quantitativo de matérias convertidas em lei em relação ao total de propostas apresentadas em cada faixa de critérios.

GRÁFICO 23 – Percentual de conversão em ato normativo das propostas em geral e relativas a políticas públicas por número de critérios de avaliação legislativa

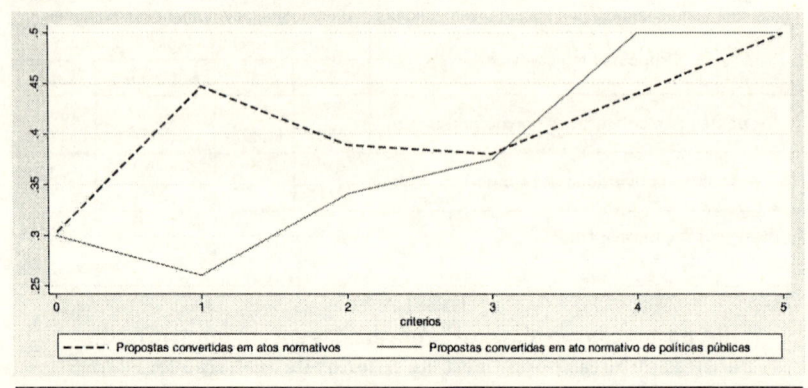

Legenda – Gráfico 23		
Critérios de avaliação legislativa	Propostas convertidas em ato normativo	Propostas convertidas em ato normativo de políticas públicas
0	30%	30%
1	45%	26%
2	39%	34%
3	38%	38%
4	44%	50%
5	50%	50%

Fonte: elaboração própria.

Considerando-se a análise exposta, percebe-se que os dois órgãos deliberativos analisados (CCJ e Plenário) insistem em aprovar um grande número de propostas normativas de baixa qualidade. Por outro lado, confirma-se a hipótese[281] de que as proposituras que apresentam um maior número de critérios em sua justificativa tendem a ser convertidas em lei. Diante dessa realidade, acredita-se que a sistematização de práticas avaliativas na Câmara Municipal de Goiânia promoveria uma melhor distribuição dos aspectos qualitativos observados, elevando-se os percentuais de aprovação das propostas que apresentem um maior padrão de racionalidade legislativa.

---

[281] Ver hipótese (H8), descrita no tópico 3.3 do capítulo 3.

5.3.3 Legitimidade democrática no processo normativo municipal de políticas públicas

De acordo com a reflexão realizada pela dimensão teórica deste trabalho, o eixo analítico da "Legitimidade democrática" se caracteriza pela dinâmica dos espaços de deliberação social em relação ao trâmite processual normativo, bem como pela dimensão informacional percebida entre o legislador e o destinatário da proposta normativa.

Quanto ao primeiro aspecto, o estudo compreende a participação social no processo legislativo de políticas públicas a partir do redimensionamento dos espaços de deliberação coletiva, entendendo-se que os referidos ambientes devem ser utilizados, em um primeiro plano, como meios de tradução, de publicação e de controle do processo de justificação legislativa, podendo ser também utilizados, de forma secundária, para consultas específicas e qualificadas dos sujeitos diretamente envolvidos.

Assim, de acordo com a realidade parlamentar da Câmara Municipal de Goiânia, verifica-se que os expedientes de participação popular a guardarem maior conexão com o processo legislativo são: iniciativa popular; Comissão de Legislação Participativa (CLP); consultas públicas e audiências públicas.

O recorte dessa pesquisa não compreende a análise dos elementos relativos à iniciativa popular e às consultas públicas do parlamento goianiense, considerando a inexistência de dados que indicam a incidência do primeiro instituto nos processos legislativos analisados, bem como a dificuldade de acesso aos documentos que compreendem o segundo. Optou-se, portanto, pelo estudo dos ambientes de deliberação social com um grau mínimo de funcionamento e de sistematização das informações existentes.

5.3.3.1 Das audiências públicas

O estudo da dinâmica das audiências públicas no processo legislativo merece algumas considerações prévias. Destaca-se, em primeiro lugar, que as informações colhidas junto ao órgão legislativo ao longo deste trabalho são de caráter predominantemente quantitativo, considerando que o setor de taquigrafia, apesar de obrigado a transcrever as atas das referidas audiências (art. 45-E do RI), não o faz de forma sistematizada, sendo encontrados poucos documentos sobre o seu conteúdo no interior dos processos legislativos.

Diante dessa realidade, a maior parte das informações partiu de relatórios informais enviados pelo setor de eventos da instituição, que, por atribuições funcionais, registra informações básicas acerca das audiências públicas realizadas no âmbito do parlamento.

Nesses termos, foi permitido calcular, com base nos dados colhidos, o quantitativo anual de audiências ocorridas, sendo possível dividi-las, quanto à sua pertinência com o objeto da proposta, em ato extraprocessual, quando a temática é somente correlata ao conteúdo processual, e intraprocessual, quando a temática é a discussão do próprio projeto legislativo. Tal divisão se baseia nos termos regimentais que regulamentam a questão, que por sua vez estabelecem que as Comissões Permanentes, em conjunto ou isoladamente, poderão realizar audiências públicas para instruir matéria legislativa em trâmite ou para tratar de assuntos de interesse público relevante (art. 45-A).

Com base nas informações coletadas, constata-se pela tabela 31 a quantidade total de 460 audiências públicas no período analisado, sendo a média anual de 46 audiências realizadas, bem como a proporção de uma audiência para cada 11 processos apresentados.

TABELA 31
Número de audiências públicas

Audiências públicas										
2009	2010	2011	2012	2013	2014	2015	2016	2017	2018	Total	Média anual
69	42	36	24	40	41	61	39	74	64	460	46

Fonte: elaboração própria.

Quanto à análise do gráfico 24 e da tabela 32, verifica-se que o número total de audiências públicas pertinentes, em alguma medida, a assuntos discutidos em processos legislativos sequer atinge a marca de 10% das medidas propostas. Se considerado o número de audiências diretamente vinculadas ao objeto das proposituras, essa proporção cai para menos da metade.

Nesse sentido, a conclusão é de que o parlamento goianiense praticamente não considera o ambiente das audiências públicas como oportunidade para justificar e qualificar as suas decisões legislativas, confirmando-se, portanto, a hipótese[282] de que o funcionamento de tais espaços se dá de forma aleatória e desconexa da atividade normativa, sobretudo quanto à regulamentação de políticas públicas, já que verificadas em maior proporção fora do ambiente processual.

GRÁFICO 24 – Número de audiências públicas realizadas por processo legislativo

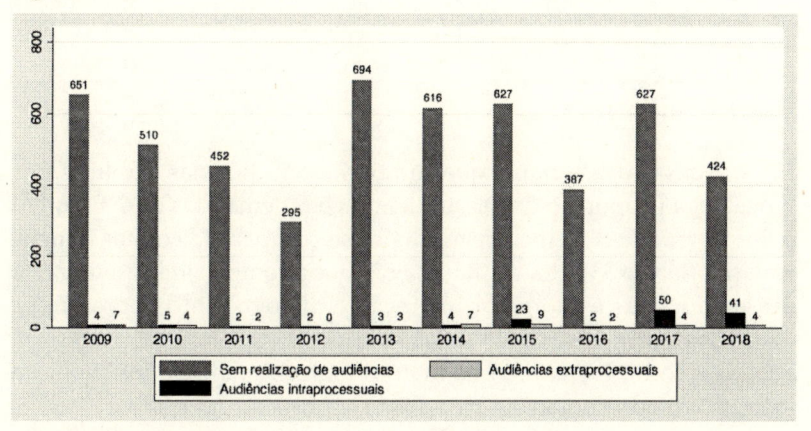

Fonte: elaboração própria.

TABELA 32
Percentual de audiências públicas realizadas por processo legislativo

(continua)

Ano	Sem realização de audiências públicas processuais	Audiências públicas extraprocessuais	Audiências públicas intraprocessuais
2009	98% (651)	1% (4)	1% (7)
2010	98% (510)	1% (5)	1% (4)
2011	99% (452)	0% (2)	0% (2)
2012	99% (295)	1% (2)	0% (0)
2013	99% (694)	0% (3)	0% (3)
2014	98% (616)	1% (4)	1% (7)

---

[282] Ver hipótese (H1) no tópico 2.3.1 do capítulo 2.

(conclusão)

Ano	Sem realização de audiências públicas processuais	Audiências públicas extraprocessuais	Audiências públicas intraprocessuais
2015	95% (627)	3% (23)	1% (9)
2016	99% (387)	1% (2)	1% (2)
2017	92% (627)	7% (50)	1% (4)
2018	90% (424)	9% (41)	1% (4)

Fonte: elaboração própria.

Apesar desse baixo quantitativo de audiências públicas por processo, a proporção dessas audiências em demandas que discutem políticas públicas é cinco vezes maior se comparada com as demais matérias (tabela 33).[283] Acredita-se, pois, que a complexidade normativa dessas políticas exija maior interação e diálogo a incorporarem os dissensos políticos existentes na sociedade, fazendo-se necessária a utilização de instrumentos metodológicos qualificados[284] para a identificação dos possíveis afetados pela proposta legislativa.

TABELA 33
Número de audiências públicas realizadas por processo legislativo em matérias gerais e de políticas públicas

Normas relativas a políticas públicas	Audiências Públicas			
	Realização extraprocessual	Realização intratraprocessual	Não realização	Total
Propostas gerais	(2%) 70	1% (24)	97% (3.892)	100% (3.986)
Propostas relativas a políticas públicas	12% (63)	4% (18)	84% (449)	100% (530)
Total	3% (133)	1% (42)	96% (4.341)	100% (4.516)

Fonte: elaboração própria.

---

[283] Confirma-se, portanto, a hipótese (H2) estimada no tópico 2.3.1 do capítulo 2.
[284] Como exemplo de técnicas utilizadas para a identificação dos afetados em propostas legislativas, um grupo de pesquisadores do "observatório para a qualidade da lei" realizou uma técnica de *survey* para garantir a oitiva dos possíveis destinatários de um instrumento normativo a regulamentar o Novo Marco de Ciência, Tecnologia & Inovação no Estado de Minas Gerais. Para mais informações sobre esse estudo, acesse a página: https://drive.google.com/file/d/189WH1FDh9bzxauUHAZcNnO4E9iOqjNf7/view.

Por fim, importante destacar que, pela percepção das informações contidas na tabela 34, o número de propostas legislativas modificadas por emendas aumenta de forma considerável dentro do conjunto de processos cujo conteúdo seja tema de audiências públicas.[285] Entende-se que, por fomentar qualitativamente o debate no ambiente legislativo, as audiências públicas proporcionam condições para que os parlamentares incorporem com maior frequência os diversos interesses da sociedade aos projetos originalmente apresentados.

TABELA 34
Número de audiências públicas realizadas em processos por número de propostas com emendas

Propostas com emendas	Audiências públicas referentes a processos legislativos		
	Não realização de audiências públicas	Realização de audiências públicas	Total
Inexistência de emendas	94,68% (5.002)	5,32% (281)	100% (5.283)
Existência de emendas	75% (133)	25% (45)	100% (178)

Fonte: elaboração própria.

5.3.3.2 Da Comissão de Legislação Participativa (CLP)

Quanto à dinâmica de atuação da Comissão de Legislação Participativa, necessário mencionar que o referido órgão foi instituído em 2015, com o objetivo de receber sugestões da sociedade organizada e ampliar a participação popular no processo legislativo. De acordo com o Regimento Interno do parlamento goianiense, podem apresentar sugestões de propostas normativas a essa comissão associações de moradores, sindicatos, centros recreativos e cooperativas (art. 30, §2º). As sugestões que recebem parecer favorável são transformadas em proposição de autoria da comissão e encaminhadas para tramitação.

Verificando os dados coletados (tabela 35), constata-se que a referida comissão atuou, durante o período compreendido entre 2015 e 2018, em apenas seis processos legislativos,[286] dos quais somente três versavam sobre políticas públicas, sendo que em nenhum deles essa

---

[285] Conforme hipótese (H3) elaborada no tópico 2.3.1 do capítulo 2.
[286] Confirma-se a hipótese (H4) formulada no tópico 2.3.1 do capítulo 2.

participação foi convertida em iniciativa legislativa. Ao contrário, o que se observou foi uma atuação formal por meio de pareceres técnicos acerca da matéria discutida.

Compreende-se, na esteira do pensamento de Beçak e Longhi,[287] que um melhor aproveitamento desse expediente seja necessário para a garantia da legitimidade democrática da dinâmica legislativa local, sendo a utilização de mecanismos de interação virtual uma provável tendência na tentativa de promover uma aproximação mais efetiva dos cidadãos com a dinâmica de elaboração normativa.

TABELA 35
Atuação da Comissão de Legislação Participativa (CLP) por ano

Número de atuações da CLP	Ano				
	2015	2016	2017	2018	Total
Sem participações	30% (658)	18% (389)	31% (679)	21% (469)	100% (2.195)
Com participações	17% (1)	33% (2)	50% (3)	0% (0)	100% (6)
Total	30% (659)	18% (391)	31% (682)	21% (469)	2.201

Fonte: elaboração própria.

5.3.3.3 Da dimensão informacional relacionada ao processo legislativo local

Para além da análise do funcionamento dos espaços de deliberação social, uma última questão a compor o conceito de legitimidade democrática dentro do contexto legislativo passa pela compreensão da dimensão informacional gerada pelo processo de participação política dos cidadãos e de outras instituições.

Como já ressaltado na parte teórica da pesquisa, as informações produzidas ou captadas pela instituição parlamentar junto à sociedade e demais entes se tornam um importante insumo para o desenvolvimento das atividades legislativas, servindo de auxílio para os processos de

---

[287] BEÇAK, Rubens; LONGHI, João Victor Roztti. *In*: BARBOSA, Maria Nazaré Lins; CAJAIBA, Camila Morais; MARTINS, Garcez; PIRES, Ieda Maria Ferreira (coord.). *Legística*: estudos em homenagem ao professor Carlos Blanco de Moras. 1. ed. São Paulo: Almedina Brasil, 2020, p. 346.

integração e de justificação da ação normativa na condição de resposta político-deliberativa às demandas sociais.

Considerando-se que, com o advento da Lei de Acesso à Informação (LAI),[288] a parte mais significativa do aspecto informacional a aproximar o cidadão das atividades legislativas goianienses se mostra atualmente canalizado pelos meios de comunicação digital, serão analisados, de forma concisa, alguns pontos de acesso virtualmente disponibilizados pela Câmara Municipal de Goiânia quanto ao conteúdo do processo legislativo municipal.

Em um primeiro ponto, destaca-se que o sítio eletrônico[289] da Câmara Municipal de Goiânia se mostra insuficientemente responsivo, se comparado aos padrões tecnológicos atualmente existentes. A participação indireta e informativa do cidadão quanto aos atos dos processos legislativos parte de um campo de busca simplificado, que disponibiliza virtualmente ao cidadão um espelho processual com informações básicas sobre as propostas legislativas em tramitação. Esse espelho contém as seguintes informações: autor, número do processo, data de criação, assunto/indexação, tramitação atual.[290]

Assim, o sistema não disponibiliza, de forma destacada, os textos da matéria consultada, tais como: projetos iniciais, requerimentos, emendas, substitutivos, relatórios, pareceres e projetos finais. Essas informações estão presentes somente em documentos digitalizados com o inteiro teor das propostas, o que dificulta a análise panorâmica da atividade legislativa, bem como o acesso a informações pontuais. Casas legislativas mais estruturadas, como a Câmara dos Deputados e o Senado, disponibilizam de forma separada os principais documentos legislativos, ficando, aqui, a sugestão de reformulação institucional quanto a essa questão.

Outro importante aspecto a ser analisado neste tópico é o fato de que o parlamento goianiense também disponibiliza ao público a agenda de suas atividades e das sessões planárias, cuja transmissão é realizada ao vivo pela TV[291] e por *website* autorizado,[292] além de divulgar notícias sobre os trabalhos legislativos ocorridos.

---

[288] Lei nº 12.527, de 18 de novembro de 2011.
[289] Disponível em: https://www.goiania.go.leg.br/.
[290] Disponível em: https://suap.camaragyn.go.gov.br/processo_eletronico/consulta_publica/?classificacao=305. Acesso em: 23 nov. 2022.
[291] Disponível em: https://www.youtube.com/user/tvcamaragyn.
[292] Disponível em: https://www.goiania.go.leg.br/sala-de-imprensa/eventos. Acesso em: 23 nov. 2022.

Todavia, o cidadão não consegue acesso direto às atividades realizadas pelas comissões, havendo somente a divulgação das informações básicas sobre tais órgãos, como: permanente/temporária, composição por parlamentares; partidos; blocos partidários. Destaca-se que o acesso a essas atividades é fundamental para a consagração da participação social nas deliberações legislativas, já que a qualidade das informações produzidas em tais ambientes é determinante para a tomada de decisão política.[293]

Quanto às formas de compilação das informações produzidas pelo público em geral, o sistema de ouvidoria atualmente existente (Ouvidoria e Sistema Eletrônico de Informação do Cidadão – E SIC[294]) apresenta estrutura bastante simplificada, havendo a possibilidade de preenchimento pelo cidadão de formulários de reclamação, sugestão e elogios. Assim, o seu funcionamento não prevê a sistematização das informações produzidas e o seu armazenamento em um banco de dados contínuo, que poderia ser acessado pelos parlamentares como auxílio na formação de agenda legislativa.

Por fim, no tocante ao modo de participação direta do cidadão nas decisões legislativas, não foi verificada na Câmara Municipal de Goiânia a presença de mecanismos virtuais interativos de captação de opinião pública ou de deliberação popular, sendo limitadas as possibilidades existentes para que a população se comunique diretamente com os parlamentares sobre os temas discutidos nas propostas.

A fundamentar a importância desses mecanismos para o reconhecimento da legitimidade democrática no processo legislativo atual, necessária a menção de um dos mais importantes exemplos de interação do parlamento com a sociedade já consolidados na realidade brasileira. O sistema denominado "e-democracia",[295] da Câmara dos Deputados, prevê o funcionamento de uma plataforma pública a viabilizar a interatividade entre cidadãos e parlamentares, possibilitando a discussão de processos normativos submetidos a consulta pública.

Sobre o resultado dessa interação, Beçak e Longhi[296] argumentam que, apesar da baixa adesão dos parlamentares quanto à utilização do referido portal, os relatórios por ele gerados compilam e sintetizam as

---

[293] Disponível em: https://www.goiania.go.leg.br/institucional/comissoes. Acesso em: 23 nov. 2022.

[294] Disponível em: https://www.goiania.go.leg.br/canalcidadania. Acesso em: 23 nov. 2022.

[295] O acesso ao sistema indicado pode ser feito por meio do site: https://www.edemocracia.camara.leg.br/. Acesso em: 23 nov. 2022.

[296] BEÇAK, Rubens; LONGHI, João Victor Roztti. In: BARBOSA, Maria Nazaré Lins; CAJAIBA, Camila Morais; MARTINS, Garcez; PIRES, Ieda Maria Ferreira (coord.).

opiniões dos internautas, fato que acaba por direcionar, em alguma medida, os debates na instituição.

Não sendo o objeto dessa pesquisa o esgotamento da análise quanto à dimensão informacional presente na dinâmica normativa, percebe-se que a realidade goianiense ainda se mostra carente de práticas participativas relevantes, a permitirem um maior nível de interação entre os membros do Poder Legislativo e a população local. Espera-se, assim, que algumas das inovações e sugestões brevemente citadas possam contribuir, de alguma forma, com o aprimoramento do processo legislativo da Câmara Municipal de Goiânia.

Considerações finais

A justificativa, enquanto foco da atividade legislativa, se revelou um importante instrumento de efetividade e de comunicação. A partir dela, foi possível analisar a dimensão normativa das políticas públicas sob o enfoque da racionalidade legislativa, cujas influências das perspectivas da Legisprudência e da Legística Material possibilitaram a criação de dois eixos a fundamentarem o seu alicerce conceitual: a "instrumentalidade da atividade normativa" e a "legitimidade democrática".

Essas categorias foram concebidas pela necessidade de se produzir atos legislativos mais efetivos e conectados com a realidade do cidadão, principal destinatário de direitos fundamentais, reconhecendo-se que a qualificação do debate no âmbito dos espaços democráticos majoritários é peça fundamental desse processo de instrumentalização política da atividade normativa.

A reflexão e a combinação desses subconceitos permitiram a conclusão de que o ato de justificar deve ir muito além das meras explanações parlamentares acerca das propostas deliberadas, compreendendo a soma de todos os atos do percurso legislativo-processual que, de alguma forma, integram uma dinâmica racional e coesa, cuja lógica é orientada à produção de efeitos positivos e legítimos para a sociedade.

Diante dessas considerações, a análise da atividade legislativa da Câmara Municipal de Goiânia foi significativa para o processo de identificação do grau de racionalidade das engrenagens processuais

Legística: estudos em homenagem ao professor Carlos Blanco de Moras. 1. ed. São Paulo: Almedina Brasil, 2020, p. 344.

existentes, bem como para a verificação de possíveis fenômenos a culminarem em novas práticas. Também foi importante no sentido de compreender a dinâmica normativa das políticas públicas, reflexão essa que viabilizou a concepção de uma proposta de avaliação legislativa passível de implementação no parlamento goianiense.

De forma resumida, os resultados apresentados indicam o modo de variação do processamento geral das proposituras legislativas conforme diferentes critérios, dentre eles: espécie normativa, iniciativa, área temática e tempo de tramitação.

Verificou-se, dentre essas variáveis, a preponderância das proposituras do Poder Executivo, fato que reforça a compreensão da literatura no sentido de que o referido órgão exerce certo domínio sobre os trabalhos legislativos.

A discussão também demonstrou que, apesar da aparente disposição do parlamento para apresentar novas propostas, a taxa de aprovação é relativamente baixa, sobretudo em razão do alto índice de arquivamento e da tendência de manutenção dos vetos apresentados. Estima-se, assim, que esse alto volume de proposituras por parte do Poder Legislativo seja fruto de uma concepção estatística da função parlamentar, pela qual o quantitativo das demandas é mais importante do que a qualidade das matérias. Uma das evidências encontradas nesse sentido é a grande quantidade de propostas de interesse político em detrimento daquelas que visam regulamentar direitos sociais.

Quanto ao tempo de tramitação, houve a constatação de que a distribuição temporal das propostas não favorece o aperfeiçoamento das proposições e a qualidade dos debates, especialmente no tocante às propostas iniciadas pelo Poder Executivo, que parece controlar a agenda deliberativa do parlamento.

Já no tocante às proposituras de políticas públicas, esperava-se um maior quantitativo das propostas apresentadas. Percebeu-se que, apesar da tendência de aumento da atividade legislativa de iniciativa parlamentar nesse campo, houve maior flutuação da atuação do Poder Legislativo, ao passo que o Poder Executivo se manteve estável e dominante quanto à proposição, à aprovação e ao trâmite de tais matérias.

Acerca das hipóteses formuladas dentro do eixo da "instrumentalidade da atividade normativa", confirmou-se que os requisitos da avaliação legislativa mais contemplados nas propostas goianienses são o da "contextualização jurídica" e o da "delimitação dos objetivos", apresentando as proposituras de políticas públicas quantidade média mais elevada de critérios em relação às demais proposições.

Ademais, verificou-se que, se confrontados com as propostas do Poder Legislativo, as propostas do Poder Executivo possuem, em geral, maior quantitativo médio de requisitos avaliativos, garantindo-lhe posição de destaque quanto ao aspecto qualitativo das matérias apresentadas.

Por último, constatou-se a tendência de aprovação das propostas normativas com o aumento da frequência de requisitos atinentes à avaliação legislativa. Tais evidências foram observadas quanto aos atos deliberativos da CCJ e do Plenário da Casa Legislativa goianiense.

Em relação às situações hipotéticas previstas pelo eixo da "legitimidade democrática", foi possível perceber que o funcionamento das audiências públicas acontece de forma aleatória e desconexa da atividade normativa em geral e de políticas públicas, ocorrendo, em maior proporção, em ambiente extraprocessual.

Foi também confirmada a hipótese de que o percentual de audiências públicas é maior nas propostas que regulamentam as políticas públicas, dada a sua complexidade normativa.

Verificou-se, sob outro aspecto, que o uso em maior grau dos espaços relacionados às audiências públicas contribui para a elevação do número de emendas parlamentares propostas, sendo observada maior proporção de proposituras com emendas nos processos em que tal utilização foi constatada. Acredita-se, com isso, que os ambientes legislativo-processuais que estimulam a discussão das matérias proporcionem melhores condições para a intervenção parlamentar.

Finalmente, constatou-se que a atuação da Comissão de Legislação Participativa (CLP) é inexpressiva em relação à tramitação das medidas legislativas apresentadas.

Importante considerar, quanto ao primeiro eixo de análise, que a presença de critérios de avaliação legislativa não é obrigatória no processo legislativo vigente. Nesses termos, os dados apresentados justificam uma urgente necessidade de sua implementação como etapa obrigatória, especialmente com relação às políticas públicas.

Quanto ao segundo eixo, as evidências indicam a importância da reformulação dos espaços de deliberação social dentro da lógica processual normativa dessas políticas, sendo o aspecto informacional peça-chave para a identificação dos destinatários da norma a interagirem com o parlamento.

Diante das considerações expostas, espera-se que a proposta concebida por este trabalho exerça algum impacto sobre a realidade parlamentar observada, o que possibilitará futuras análises quanto ao grau de aperfeiçoamento atingido pelas práticas legislativas porventura adotadas.

REFERÊNCIAS

AARNIO, Aulius. *Lo racional como razonable*: un tratado sobre la justificación jurídica. Madrid: Centro de Estudios Constitucionales, 1991.

ABRUCIO, Luiz Fernando; LOUREIRO, Maria Rita. Finanças públicas, democracia e *acountability*. *In*: BIDERMAN, Ciro; ARVATE, Paulo (org.). *Economia no setor público no Brasil*. Rio de Janeiro: Elsevier, 2004. p. 75-102.

ASSUNÇÃO, Linara Oeiras. Notas sobre a política brasileira de ciência, tecnologia e inovação: em defesa de uma elaboração legislativa de qualidade. *Estudos em Legística*. Tribo da ilha, 2019, p. 169-191.

ATIENZA, Manuel. *Contribución a una teoría de la legislación*. Madri: Civitas, 1997.

BARCELLOS, Ana Paula de. *Direitos fundamentais e direito à justificativa*: devido procedimento na elaboração normativa. 3. ed. Belo Horizonte: Fórum, 2020.

BEÇAK, Rubens; LONGHI, João Victor Roztti. *In*: BARBOSA, Maria Nazaré Lins; CAJAIBA, Camila Morais; MARTINS, Garcez; PIRES, Ieda Maria Ferreira (coord.). *Legística*: estudos em homenagem ao professor Carlos Blanco de Moras. 1. ed. São Paulo: Almedina Brasil, 2020. p. 315-353.

BOBBIO, Norberto. *Teoria da Norma Jurídica*. Bauru (SP): EDIPRO, 2001.

BORGES, Clarissa Tatiana de Assunção. *Justificação da legislação na perspectiva da legisprudência*: princípios de avaliação e controle da legislação. 2011. Dissertação de Mestrado. Universidade Federal de Minas Gerais, programa de pós-graduação em Direito, Belo Horizonte, 2011.

BUCCI, Maria Paula Dallari; COUTINHO, Diogo R. Arranjos jurídico-institucionais da política de inovação tecnológica: uma análise baseada na abordagem de direito e políticas públicas. *In*: COUTINHO, Diogo R.; FOSS, Maria Carolina; MOUALLEM, Pedro Salomon B. (org.). *Inovação no Brasil*: avanços e desafios jurídicos e institucionais. São Paulo: Blucher, 2017.

BUCCI, Maria Paula Dallari; COUTINHO, Diogo R. *Fundamentos para uma teoria jurídica das políticas públicas*. São Paulo: Saraiva, 2013.

BUCCI, Maria Paula Dallari; COUTINHO, Diogo R. O conceito de política pública em Direito. *In*: BUCCI, Maria Paula Dallari (org.). *Políticas Públicas*: reflexões sobre o conceito jurídico. São Paulo: Saraiva, 2006, p. 1-50.

CAVALCANTE FILHO, João Trindade. *Processo legislativo constitucional*. 3. ed. rev., ampl. e atual. Salvador: Juspodivm, 2017.

CAVALCANTE FILHO, João Trindade. Controle Preventivo de Constitucionalidade e de Legística pelas Comissões de Constituição e Justiça: importância, perspectivas e desafios. *In*: BARBOSA, Maria Nazaré Lins; CAJAIBA, Camila Morais; MARTINS, Garcez; PIRES, Ieda Maria Ferreira (coord.). *Legística*: estudos em homenagem ao professor Carlos Blanco de Moras. 1. ed. São Paulo: Almedina Brasil, 2020. p. 197-21.

CAVALLAZZI, Vanessa Wendhausen. *E-democracia deliberativa*. A criação de espaços de deliberação social em rede para implementação de direitos sociais. Salvador: Juspodivm, 2020.

CAGGIANO, Monica Herman. A crise da Lei, a Ciência da Legislação. *In*: BARBOSA, Maria Nazaré Lins; CAJAIBA, Camila Morais; MARTINS, Garcez; PIRES, Ieda Maria Ferreira (coord.). *Legística*: estudos em homenagem ao professor Carlos Blanco de Moras. 1. ed. São Paulo: Almedina Brasil, 2020.

CANOTILHO, J. Gomes. Os impulsos modernos para uma teoria da legislação. *Legislação: Cadernos de Ciência da Legislação*, Oeiras, n. 1, p. 7-14, abr./jun. 1991.

CATTONI, Marcelo. *Devido Processo Legislativo*. 3. ed. Belo Horizonte: Fórum, 2016.

CAUPERS, João. Relatório sobre o programa, conteúdo e métodos de uma disciplina de Metódica da Legislação. *Legislação: Cadernos de Ciência da Legislação*, Oeiras, n. 35, p. 5-87, out./dez. 2003.

CHEVALLIER, Jacques. A racionalização da produção jurídica. *Cadernos de Ciência de Legislação*, p. 9-23, jan./mar. 1992.

CLÈVE, Clèmerson Merlin. A eficácia dos direitos fundamentais sociais. *Revista de Direito Constitucional e Internacional*, v. 54, p. 28-39, 2006.

CRISTÓVAM, J. S. da Silva; GONDIM, L. Sonsol; SOUSA, T. Pereira. Análise de Impacto Regulatório (AIR) e participação social no Brasil, *RJD*, vol. 34, n. 2, p. 351-370, ago. 2020.

COUTINHO, Diogo R. O Direito nas políticas públicas. *In*: MARQUES, Eduardo; PIMENTA DE FARIA; Carlos Aurélio (org.). *A política pública como campo multidisciplinar*. São Paulo: Editora Unesp; Rio de Janeiro: Editora Fiocruz, 2013, p. 181-200.

DE PAULA, Felipe. *Avaliação Legislativa no Brasil*: limites e possibilidades. Tese de doutorado. Faculdade de Direito USP, 2016.

DELLEY, Jean-Daniel. Pensar a Lei. Introdução a um Procedimento Metódico. *Cadernos da Escola do Legislativo*, Belo Horizonte, v. 7, n. 12, jan./jun.2004.

DELLEY, Jean-Daniel; FLUCKIGER, Alexandre. A elaboração racional do direito privado: da codificação à legística. *Caderno da Escola Legislativa*, v. 9, n. 14, p. 35-58, jan./dez. 2007.

DE FREITAS, Igor Vilas Boas; TANCREDI, Márcio; CAVALCANTE FILHO, João Trindade; MENEGUIN, Fernando B. *Avaliação de políticas públicas no Senado Federal*: Proposta de abordagem. Brasília. Núcleo de Estudos e pesquisas da Consultoria Legislativa do Senado Federal, ago. 2013.

DE JORGE, Ighor Rafael. *A dimensão normativa das políticas públicas*: a política de formação de professores no Brasil. Dissertação de Mestrado. Faculdade de Direito USP, 2018.

FIGUEIREDO, Argelina C.; LIMONGI, Fernando. *Executivo e Legislativo na Nova Ordem Constitucional*. Rio de Janeiro: Editora FGV, 1999.

GADAMER, Hans-Georg. *Verdade e método*: traços fundamentais de uma hermenêutica filosófica. 2. ed. Petrópolis: Vozes, 1998.

GREEN, Jeffrey Edward. *The eyes of the people*: democracy in an age of spectatorship. New York: Oxford University Press, 2010.

GOMES, Wilson. Participação política on-line: questões e hipóteses de trabalho. *In*: MAIA, Rouseley C. M.; GOMES, Wilson; MARQUES, Francisco P. J. A. (org.). *Internet e Participação Política no Brasil*. Porto Alegre: Sulina, 2011, p. 19-46.

GUSTIN, Miracy Barbosa de Sousa; DIAS, Maria Tereza Fonseca. *(Re)pensando a pesquisa jurídica*: teoria e prática. 4. ed. Belo Horizonte: Del Rey, 2015.

HABERMAS, Jürgen. *Direito e democracia*: entre facticidade e validade. Rio de Janeiro: Tempo Brasileiro, 1997.

KAITEL, Cristiane Silva; EYNG, Esther Külkamp. Bases teóricas da Legística. *Estudos em Legística*. Tribo da ilha, p. 58-93, 2019.

KAITEL, Cristiane Silva; EYNG, Esther Külkamp. *A efetividade e a elaboração legislativa do direito à alimentação*: política pública, educação e gestão participativa. 2016. Tese (Doutorado em Direito) – Universidade Federal de Minas Gerais, programa de pós-graduação em Direito, Belo Horizonte.

KÄSSMAYER, Karin. Referências e experiências internacionais sobre avaliação de impacto legislativo. *In:* MENEGUIN, Fernando B. et al. *Avaliação de impacto legislativo*: cenários e perspectivas para sua aplicação. Brasília: Senado Federal, 2017.

KEANE, John. *Democracy and Media Decadency*. Cambridge University Press, 2013.

LIMONGI, Fernando. O novo institucionalismo e os estudos legislativos: a literatura norte-americana recente. *Boletim Informativo e Bibliográfico de Ciências Sociais*, Rio de Janeiro, n. 37, p. 3-38, 1994.

MADER, Luzius. A avaliação legislativa: Uma nova abordagem do direito. *Cadernos de Ciência da Legislação*, Oeiras, n. 1, abr./jun. 1991.

MADER, Luzius. Evaluating the effects: a contribution to the quality of legislation. *Statute Law Review*, vol. 22, n. 2, p. 119-131, 2001.

MADER, Luzius. Avaliação dos efeitos da legislação – a situação actual na Suíça. Legislação: *Cadernos de Ciência da Legislação*, Oeiras, n. 33/34, p. 135-155, jan./jun. 2003.

MADER, Luzius. Legislação e Jurisprudência. *Cadernos da Escola do Legislativo*, Belo Horizonte, v. 9, p. 193-206, jan./dez. 2007.

MADER, Luzius. Legística: história e objeto, fronteiras e perspectivas. *In:* CONGRESSO INTERNACIONAL DE LEGÍSTICA: QUALIDADE DA LEI E DESENVOLVIMENTO, 2009. Belo Horizonte. Legística: qualidade da lei e desenvolvimento. Belo Horizonte: ALMG, 2009.

MAIA, Rousiley. Redes cívicas e Internet: do ambiente informativo denso às condições da deliberação pública. *In:* EISENBERG, José; CEPIK, Marco (org.). *Internet e política*: teoria e prática da democracia eletrônica. Belo Horizonte: Ed. UFMG, 2002, p. 46-72.

MACIEL, Caroline Stéphanie Francis dos Santos; CASTRO, Marcelo Fonseca Ribeiro de; RESENDE, Mariana Barbosa Araújo. O Parlamento britânico. *In:* SOARES, Fabiana de Menezes; OLIVEIRA, Thaís de Bessa Gontijo de; MACIEL, Caroline Stéphanie Francis dos Santos (org.). *Regimentos parlamentares do mundo*: sistemas jurídicos e ação legislativa Belo Horizonte: Assembleia Legislativa do Estado de Minas Gerais, 2018.

MATA, Paula Carolina de Oliveira Azevedo; BRAGA, Renê Morais da Costa. Análise de impacto legislativo: conteúdo e desafios metodológicos. *Estudos em Legística*. Tribo da ilha, 2019, p. 121-143.

MATA, Paula Carolina de Oliveira Azevedo; BRAGA, Renê Morais da Costa. *Legística e ciclo orçamentário*: uma análise a partir das políticas públicas de Atenção Básica à Saúde / Paula Carolina de Oliveira Azevedo da Mata. Dissertação de Mestrado. UFMG, Belo Horizonte, 2018.

MENEGUIN, F. B.; SILVEIRA E SILVA, R. *Avaliação de impacto legislativo*: cenários e perspectivas para sua aplicação. Brasília: Senado Federal, Coordenação de Edições Técnicas, 2017.

MENEGUIN, F. B.; BIJOS, Paulo Roberto Simão. Avaliação de Impacto Regulatório – como melhorar a qualidade das normas. Brasília: Núcleo de Estudos e Pesquisas/CONLEG/Senado, março/2016. (Texto para Discussão nº 193). Disponível em: www.senado.leg.br. Acesso em: 1º out. 2020.

MENEGUIN, F. B.; MELO, Ana Paula Andrade de. Análise de Impacto para Além das Regulações, Brasília: Núcleo de Estudos e Pesquisa/CONLEG/Senado, outubro 2020 (Texto para discussão n. 286) Disponível em: www.senado.leg.br. Acesso em: 1º out. 2020.

MOUFFE, Chantal. Pensando a democracia com, e contra, Carl Schmitt. *Cadernos da Escola do Legislativo*, v. 2, p. 91-107, jul./dez. 1994.

MOUFFE, Chantal. Por um modelo agonístico de democracia. *Revista de Sociologia e Política*, Curitiba, n. 25, p. 11-23, nov. 2005.

MORAIS, Carlos Blanco. Introdução. *In:* BARBOSA, Maria Nazaré Lins; CAJAIBA, Camila Morais; MARTINS, Garcez; PIRES, Ieda Maria Ferreira (coord.). *Legística*: estudos em homenagem ao professor Carlos Blanco de Moras. 1. ed. São Paulo: Almedina Brasil, 2020. p. 19-35.

MORAIS, Carlos Blanco. *Guia de avaliação de impacto normativo*. Coimbra: Almedina, 2010.

MORAND, Charles-Albert. Éléments de Légistique Formelle e Matérielle. *In:* MORAND, Charles-Albert (org.). *Légistique Formelle et Matérielle*. Aix-en-Provence: Presse Universitaires d'Aix-Marseille, 1999, p. 17-45.

NEVES, Marcelo. *A Constitucionalização simbólica*. 3. ed. São Paulo: WMF Martins Fontes, 2011.

NEVES, Marcelo. *Constituição e direito na modernidade periférica*: uma abordagem teórica e uma interpretação do caso brasileiro. São Paulo: Martins Fontes, 2018.

PALOMBELLA, Gianluigi. *Filosofia do direito*. Tradução Ivone C. Benedetti. Revisão Técnica Ari Solon. São Paulo: Martins Fontes, 2005.

PEREIRA, Rodolfo Viana. *Hermenêutica Filosófica e Constitucional*. 1. ed. Belo Horizonte: Del Rey, 2001.

PEREIRA, Rodolfo Viana. *Direito constitucional democrático*: controle e participação como elementos fundantes e garantidores da constitucionalidade. 2. ed. Rio de Janeiro: Lumen Juris, 2010

PINTO, Isabela. Mudanças nas políticas públicas: a perspectiva do ciclo de política. *Revista Políticas Públicas*, v. 12, n. 1, p. 27-36, 2008.

PIRES, Antonio Fernando. *Manual de Direito Constitucional*. 2. ed. São Paulo: Método, 2016.

PRATA, Nilson Vidal. Informação, democracia e Poder Legislativo: a dimensão informacional do processo de participação política dos cidadãos. *Cadernos da Escola do Legislativo*, Belo Horizonte, v. 11, n. 17, jul./dez. 2009.

PRATES, Terezinha M. L. Método legislativo, uma nova disciplina? *Revista do Ministério Público do Trabalho*, Brasília, n. 6, p. 35-37, set. 1993.

PRETE, Esther Külkamp Eyng. Por que surgiu a Legística? Antecedentes históricos de seu surgimento. *Estudos em Legística*. Tribo da ilha, 2019, p. 15-58.

REYDER, Carina Angélica Brito. *Avaliação de Impacto Legislativo*: A tradição histórica de justificação das decisões legislativas nos Estados Unidos e as iniciativas incipientes no Brasil. Dissertação de Mestrado. UFMG, Belo Horizonte, 2016.

RIBEIRO, Guilherme Wagner. *Informação, aprendizagem e inovação nas Câmaras Municipais de Minas Gerais*. Tese de doutorado. PUC Minas, Belo Horizonte, 2010.

SALINAS, Natasha Schmitt Caccia. *Avaliação Legislativa no Brasil*: um estudo de caso sobre as normas de controle das transferências voluntárias de recursos públicos para entidades do terceiro setor. Dissertação de Mestrado. São Paulo: Universidade de São Paulo, 2009. 256 p.

SALINAS, Natasha Schmitt Caccia. *Legislação e políticas públicas*: a lei enquanto instrumento da ação governamental. Tese de Doutorado. São Paulo: Universidade de São Paulo, 2012. 234 p.

SALINAS, Natasha Schmitt Caccia. Avaliação legislativa no Brasil: apontamentos para uma nova agenda de pesquisa sobre o modo de produção das leis. *Revista Brasileira de Políticas Públicas*, Brasília, vol. 3, n. 2, jul./dez 2013.

SANTOS, Letícia Camilo dos. *Análise da decisão judicial no quadro da Legisprudência*: o diálogo das fontes do direito. Dissertação de Mestrado. UFMG, Belo Horizonte, 2011.

SANTOS, F. P.; MOURÃO, G. H. B.; RIBEIRO, G. W. Poder Legislativo e suas Consultorias Institucionais. *Cad. Escola Legislativo*, Belo Horizonte, v. 9, n. 14, p. 133-152, jan./dez. 2007.

SANTOS, Flávia Pessoa. *Incorporação do conflito no processo legislativo para a conformação do discurso de justificação da lei*. Dissertação de Mestrado. UFMG, Belo Horizonte, 2017.

SECCHI, Leonardo. *Análise de políticas públicas*: diagnóstico de problemas, recomendação de soluções. São Paulo: Cengage, 2017.

SEN, Amartya. Well-being, agency and freedom: the Dewey Lectures 1984. *The Journal of Philosophy*, v. 82, n. 4, p. 169-221, 1985.

SEN, Amartya. Desenvolvimento como Liberdade. São Paulo: Companhia das Letras, 2000.

SEN, Amartya. Democracy as a universal value. *Journal of democracy*, v. 10, n. 3, p. 3-17, 1999. Disponível em: https://www.journalofdemocracy.org/articles/democracy-as-a-universal-value/. Acesso em: 27 jul. 2020.

SHIM, Wooin. Disagreement and proceduralism in the perspective of legisprudence. *In*: WINTGENS, Luc J.; OLIVER-LALANA, A. Daniel (ed.). *The rationality and justification of legislation*: essays in legisprudence. New York: Springer, 2013. p. 125-133.

SOARES, Fabiana Menezes. *Produção do direito e conhecimento da lei a luz da participação popular e sob o impacto da tecnologia da informação*. Tese de doutorado. UFMF, Belo Horizonte, 2002.

SOARES, Fabiana Menezes. Legística e Desenvolvimento: a qualidade da lei no quadro da otimização de uma melhor legislação. *Revista da Faculdade de Direito da UFMG*, n. 50, p. 124-142, jan./jul. 2007.

SOARES, Fabiana Menezes. O papel da legística nos processos de integração: o caso Canadá/Brasil em sede de planejamento legislativo. *Revista da Faculdade de Direito da UFMG*, Belo Horizonte, n. 46, p. 111-133, 2005.

SOARES, Fabiana de Menezes; SANTOS, Flávia Pessoa. A incorporação do dissenso no processo legislativo e seu papel na justificação da lei: condições para a *advocacy* parlamentar. *Estudos em legística*. Tribo da ilha, 2019, p. 238-286.

SOUZA, Matheus Silveira; BUCCI, Maria Paula Dallari. O estado da arte da abordagem direito e políticas públicas em âmbito internacional: primeiras aproximações. *Revista Estudos Institucionais*, v. 5, n. 3, p. 833-855, set./dez. 2019.

STRECK, Lenio Luiz. *Verdade e Consenso*: Constituição, hermenêutica e teorias discursivas. 4. ed. São Paulo: Saraiva, 2011.

STRECK, Lenio Luiz. *Dicionário de Hermenêutica*: quarenta temas fundamentais de Teoria do Direito à luz da Crítica Hermenêutica do Direito. Belo Horizonte: Letramento/Casa do Direito, 2017.

TRIOLA, Mario F. *Introdução à estatística*. 12. ed. Rio de Janeiro: Editora LTC, 2017.

VALLE, Vanice Regina Lírio do. *Políticas públicas, direitos fundamentais e controle judicial*. 2. ed. Belo Horizonte: Fórum, 2016.

VIEIRA, Eduardo S. S. Desafios e estratégias para a implantação da avaliação de impacto legislativo. *In:* MENEGUIN, Fernando B. *et al. Avaliação de impacto legislativo*: cenários e perspectivas para sua aplicação. Brasília: Senado Federal, 2017.

VIEIRA, Eduardo S. S. *Institutos legislativos a serviço da qualidade das leis*: uma análise comparada dos parlamentos brasileiro e britânico. 2016. 83 f. Monografia (Especialização em Direito Legislativo) – Instituto Legislativo Brasileiro (ILB), Brasília, 2016.

VOERMANS, Wim. Avaliação da legislação nos Países Baixos. *Cadernos de Ciência de Legislação*, Oieiras, n. 33/34, p. 59-72, jan./jun. 2003.

VOLKERY, A. Regulatory impact analysis in Canada. Berlin. Environmental Policy Research Centre, Freie Universitaet Berlin, 2004. Disponível em: file:///D:/Lucas%20 Velasco/Downloads/%D9%83%D9%86%D8%AF%D8%A7.pdf. Acesso em: 9 dez. 2020.

WINTGENS, Luc J. To Follow a Rule as a Legislation – Some Observations from a Legisprudential Perspective. *In: Rechtstheorie*. Berlim: Duncker & Humblot, 30, p. 11-46, 1999.

WINTGENS, Luc J. *Legisprudence*: Practical Reason in Legislation. Farnham: Ashgate, 2012.

WINTGENS, Luc J. The Rational Legislator Revisited: Bounded Rationality and Legisprudence *In:* OLIVER-LALANA, A. Daniel; WINTGENS, Luc J. (org.). *The Rationality and Justification of Legislation* – Essays in Legisprudence. Switzerland: Springer, 2013.

WU, Xun *et al. Guia de Políticas Públicas*: gerenciando processos. Brasília: Enap, 2014.

ZIADE, Danielle Farah; GONTIJO, Pedro Augusto Costa. O processo legislativo canadense. *In*: SOARES, Fabiana de Menezes; OLIVEIRA, Thaís de Bessa Gontijo de; MACIEL, Caroline Stéphanie Francis dos Santos (org.). *Regimentos parlamentares do mundo*: sistemas jurídicos e ação legislativa Belo Horizonte: Assembleia Legislativa do Estado de Minas Gerais, 2018.

APÊNDICE 1

DICIONÁRIO DE VARIÁVEIS DO REPOSITÓRIO DE DADOS

A. ID – Número de identificação do processo:

O número de identificação seguirá a numeração de protocolo realizada pelo órgão.

B. ANO – Ano em que o processo foi protocolado:
1. 2018
2. 2017
3. 2016
4. 2015
5. 2014
6. 2013
7. 2012
8. 2011
9. 2010
10. 2009

C. ESPN – Traz a espécie jurídica da norma proposta, com a seguinte codificação:
1. Projeto de Lei Ordinária
2. Projeto de Lei Complementar
3. Proposta de Emenda à Lei Orgânica
4. Projeto de Resolução
5. Projeto de Decreto Legislativo

D. INIC – Indica o Poder ou órgão responsável pela autoria do processo:
1. Poder Legislativo;
2. Poder Executivo;
3. Iniciativa popular

E. AUT – Indica o agente político autor da iniciativa:
1. Iris Rezende
2. Andrey Azeredo
3. Anselmo Pereira
4. Paulo Magalhães
5. Felisberto Tavares
6. Cabo Senna
7. Vinicius Cirqueira
8. Cristina Lopes
9. Sabrina Garcês
10. Tatiana Lemos
11. Jorge Kajuru
12. Romário Policarpo
13. Eduardo Prado
14. Kleybe Moraes
15. Anderson Sales
16. Carlin Café
17. Weligton Peixoto
18. Rogério cruz
19. Sargento Novandir
20. Paulo Daher
21. Gustavo Cruvinel
22. Leia Klebia
23. Tiãozinho Porto
24. Lucas Kitão
25. Priscilla Tejota
26. Oseas Varão
27. Alyson Lima
28. Paulinho Graus
29. Emilson Pereira
30. Zander Fabio
31. Izidio Alves
32. Cairo Salim
33. Juarez Lopes
34. Alfredo Bambu
35. Marquim Goya

36. Jair Diamantino
37. Elias Vaz
38. Clécio Alve
39. Divino Rodrigues
40. Tiãozinho do Cais
41. Antônio da Silva
42. Edson Automóveis
43. Paulo Cesar da Silva (Paulo da Farmácia)
44. Milton Mercez
45. Paulo Garcia
46. Dr. Gian
47. Cida Garcez
48. Mizair Lemes Jr.
49. Denicio Trindade
50. Tayrone Di Martino
51. Deivison Costa
52. Thiago Albernaz
53. Djalma Araújo
54. Eudes Vigor
55. Carlos Soares
56. Paulo Borges
57. Célia Valadão
58. Antônio Uchôa
59. Geovani Antônio
60. Fábio Lima
61. Bernardo do Cais
62. Jorge Hugo
63. Richard Nixon
64. Fábio Caixeta
65. Pedro Azulão Jr.
66. Marta Jane
67. Rodrigo Melo
68. Álvaro da Universo
69. Cleber Dias
70. Virmodes Cruvinel
71. Ricardo Luis
72. Eduardo de Souza
73. Charles Bento
74. Agenor Mariano
75. Joãozinho Guimarães
76. Domingos Savio

77. Rusembergue Barbosa
78. José Maurício Beraldo
79. Luciano Pedroso
80. Cidinha Siqueira
81. Santana da Silva Gomes
82. Iram Saraiva
83. Simeyzon Silveira
84. Gilmar Mota
85. Edson Cândido
86. Luiz Teófilo
87. Hélio Marcos
88. Bruno Regiany Peixoto
89. Gari Negro Jobs
90. Túlio Maravilha
91. Fábio Tokarski
92. Jeovane Lopes da Silva
93. Abdiel Rocha
94. Francisco Rodrigues Jr.
95. Henrique Paulista Arantes
96. Sirlene Borba
97. Daniel Vilela

F. PPOL – Indica o partido político do propositor à época da proposição:
1. DEM
2. MDB
3. PSDB
4. PSD
5. PL
6. PATRIOTA
7. PROS
8. PTB
9. PCdoB
10. PRP
11. PV
12. DC
13. PPS
14. REPUBLICANOS
15. PODEMOS
16. PSC
17. PMB
18. PSL

19. PSB
20. SOLIDARIEDADE
21. PDT
22. PTC
23. PRB
24. PRTB
25. PMN
26. PT
27. REDE
28. PCB
29. PSOL

G. ATEM1 – Indica a área temática predominante da matéria

H. ATEM2 – Indica a área temática secundária da matéria

I. ATEM3 – Indica a área temática terciária da matéria:
1. Título de cidadania
2. Utilidade pública
3. Nomeação de bem público
4. Homenagem/honraria
5. Tributária
6. Orçamento público
7. Saúde
8. Educação
9. Cultura
10. Turismo
11. Transportes e mobilidade
12. Previdenciário
13. Esportes
14. Lazer
15. Segurança pública
16. Direito do consumidor
17. Meio ambiente
18. Tecnologia e inovação
19. Desenvolvimento social
20. Desenvolvimento econômico
21. Habitação
22. Incentivo fiscal
23. Fundos públicos
24. Servidores públicos

25. Gestão pública
26. Estrutura administrativa
27. Regulamentação de dispositivo constitucional
28. Regulamentação burocrática
29. Organizações sociais
30. Licitação e contratos públicos
31. Regulamentação de serviços públicos
32. Doação / aquisição de bens públicos
33. Autorização para empréstimos
34. Transferência de créditos
35. Urbanismo
36. Concessão de pensão individual ou coletiva / indenização
37. Transparência
38. Inclusão em calendário oficial
39. Campanha informativa
40. Idoso
41. Alienação de bem público
42. Direito da mulher
43. Direito regulatório
44. Deficiente
45. Criança e adolescente
46. Trabalho
47. Saneamento
48. Combate à corrupção
49. Animais
50. Alteração de Regimento Interno
51. Susta os efeitos da espécie normativa
52. Processo Legislativo

J. PPUB – Indica se a matéria em questão implementa ou institui políticas públicas:
1. Não
2. Sim

K. DIAG – Previsão de diagnóstico do problema a ser regulamentado:
1. Não
2. Sim

L. MA – Previsão de critérios de monitoramento e avaliação:
1. Não
2. Sim

M. OBJ – Presença de objetivos da proposição:
1. Não
2. Sim

N. IMPACT – Previsão de relatórios de impacto econômico, social e financeiro:
1. Não
2. Sim

O. CONTJUR – Previsão de contextualização jurídica:
1. Não
2. Sim

P. CCJ – Tramitação na CCJ:
1. Não apreciado
2. Rejeitado/Arquivado
3. Apensamento
4. Diligência
5. Aprovado

Q. EMEND – Emendas realizadas às propostas:
1. Inexistência de emendas
2. Emendas do Poder Executivo
3. Emendas do Poder Legislativo

R. PROT – Data do protocolo em números

S. ARQ – Data de arquivamento em números
999. Ainda em tramitação

T. TRAM – Tempo de tramitação em dias

U. ENCER – Encerramento da proposta:
1. Não
2. Sim

V. APREC – Apreciação da propositura:
1. Sem apreciação do plenário
2. Pedido de devolução pelo autor da iniciativa
3. Arquivada sem apreciação do plenário
4. Rejeitada pelo plenário

5. Vetada integralmente
6. Vetada parcialmente
7. Promulgada pelo Poder Legislativo
8. Aprovada integralmente

W. APUB – realização de audiências públicas durante a tramitação do processo:
1. Não
2. Realização extraprocessual
3. Realização intraprocessual

X. CLP – Tramitação na Comissão de Legislação Participativa:
1. Não
2. Sim

APÊNDICE 2

AGLUTINAÇÃO DE ÁREAS TEMÁTICAS POR AFINIDADE

Trata-se de critério para aglutinar áreas temáticas conforme sua proximidade material/conceitual. Essa síntese foi adotada para facilitar a identificação de categorias na análise dos dados no *software* StataMP, versão 16.0. Os critérios de afinidade temática foram associados pelo pesquisador, por isso podem assumir relativo grau de subjetividade.

Matérias de relevância política	1. Título de cidadania 2. Utilidade pública 4. Homenagem/honraria 38. Inclusão em calendário oficial
Orçamento/finanças	5. Tributária 6. Orçamento público 22. Incentivo fiscal 23. Fundos públicos 33. Autorização para empréstimos 34. Transferência de créditos
Administração Pública	3. Nomeação de bem público 24. Servidores públicos 25. Gestão pública 26. Estrutura administrativa 29. Organizações sociais 30. Licitação e contratos públicos 31. Regulamentação de serviços públicos 32. Doação/aquisição de bens públicos 36. Concessão de pensão individual ou coletiva 37. Transparência 41. Alienação de bem público

Direitos sociais e coletivos	7. Saúde 8. Educação 9. Cultura 12. Previdenciário 13. Esportes 14. Lazer 15. Segurança pública 16. Direito do consumidor 17. Meio ambiente 21. Habitação 35. Urbanismo 40. Idoso 42. Direito da mulher 44. Deficiente 45. Criança e adolescente 46. Trabalho 47. Saneamento 49. Animais
Regulamentação	27. Regulamentação de dispositivo constitucional 28. Regulamentação burocrática 50. Alteração de Regimento Interno 51. Susta os efeitos da espécie normativa 52. Processo Legislativo
Desenvolvimento e estrutura	10. Turismo 11. Transportes e mobilidade 18. Tecnologia e inovação 19. Desenvolvimento social 20. Desenvolvimento econômico 39. Campanha informativa 43. Direito regulatório 48. Combate à corrupção

Esta obra foi composta em fonte Palatino Linotype, corpo 10
e impressa em papel Pólen Bold Imune 70g (miolo) e
Supremo 250g (capa) pela Gráfica Star7.